AF599924

Por un ateísmo tecnológico

La cultura frente a la civilización informática

NEIL POSTMAM

Selección, traducción y notas de Salvador Cobo

Colección El Martillo de Enoch, 16

Primera edición: enero de 2024

Título: *Por un ateísmo tecnológico*
Subtítulo: *La cultura frente a la civilización informática*
Autor: *Neil Postman*
Diseño de la cubierta: *Peris & Co*
Maquetación: *Andrés Devesa*
Traducción y revisión: *Salvador Cobo*
Impreso por: *Kadmos*
ISBN: *978-84-127628-2-2*
Depósito legal: *M-33972-2023*

Para pedidos e insultos:
Ediciones El Salmón
C/Taquígrafo Martí 2, bajo, 03004
contacto@edicioneselsalmon.com

Índice

Nota a la edición

Salvador Cobo

Tal vez no sea aventurado afirmar que Estados Unidos es el país que cuenta con la tradición intelectual más arraigada de crítica a la tecnología. Para algunos este hecho resultará extraño; es decir, que sea precisamente el país en que la revolución industrial se desarrolló hasta su máxima potencia, moldeando muy pronto las sociedades de todo el planeta, el que haya visto nacer varias generaciones de estudiosos y literatos empeñados en mostrar la contracara del progreso.

Leo Marx, en su mítico libro *La máquina en el jardín*, de 1964, trató ya de explicar esta aparente paradoja, atribuyéndola a que había sido allí donde el choque entre Naturaleza y Tecnología había sido más súbito y virulento, sembrando así el terreno para una controversia que llega hasta nuestros días, y con una urgencia ni mucho menos atenuada.

Cabría dar muchos nombres de esta tradición: Lewis Mumford, Leo Marx, Dwight Macdonald, Rachel Carson, Theodore Roszak, David Noble, Carolyn Merchant, Jerry Mander, Langdon Winner, Nicholas Carr; e incluir, remontándonos más en el tiempo, la literatura clásica del siglo XIX encarnada en Thoreau, Hawthorne o Emerson. Es aquí donde debemos situar la figura de Neil Postman (1931-2003), uno de los mayores críticos culturales de la tecnología del siglo veinte.

Nacido en el barrio neoyorkino de Brooklyn, estudió en la Universidad Estatal de Nueva York en Fredonia y en el Teachers College de la Universidad de Columbia, donde obtuvo un máster y un doctorado en Educación. Fue maestro de primaria y profesor de secundaria antes de empezar a dar clases en 1959 en la NYU (Universidad de Nueva York), donde enseñaría hasta el final de sus días. Escribió una veintena de libros e innumerables artículos; durante años su foco estaría puesto en la pedagogía, con obras como *La enseñanza como actividad subversiva* (1969) o *La enseñanza como actividad conservadora* (1979).

Sin embargo, en los años setenta su atención comenzó a volcarse hacia el papel del cambio tecnológico. En 1971 fundó en la NYU un programa de posgrado en «Ecología de los medios», para estudiar los impactos de la tecnología y los modos de comunicación en las sociedades humanas, y ello se tradujo en varios libros aparecidos desde los años ochenta, como *La desaparición de la infancia* (1982), donde avanzaba la tesis de que la televisión estaba eliminando las fronteras del conocimiento entre niños y adultos, diluyendo la propia idea de infancia que, explicaba Postman, era una construcción social de la modernidad.

Su libro más conocido fue publicado en 1986: *Amusing Ourselves to Death*, traducido en castellano como «Divertirse hasta morir», si bien en inglés el verbo posee asimismo el significado de «entretenerse», que permite vislumbrar mejor esa mezcla de diversión y distracción. La tesis del libro es que la televisión, como medio que expresa y comunica ideas principalmente a través de imágenes, acaba por reducir la política, la historia, el periodismo y todo lo demás a mero entretenimiento. En Estados Unidos, sostenía, ese desarrollo había llevado a una calamitosa trivialización del discurso público.

En 1992 apareció su libro *Tecnópolis. La rendición de la cultura a la tecnología*, que El Salmón tuvo el honor de publicar en 2018. El título original, *Technopoly*, en verdad debía traducirse por «tecnopolio», en el sentido de que la tecnología se había convertido en un monopolio que coloniza todos los aspectos de la existencia. Sin embargo, una primera traducción española aparecida en 1994 hizo que el libro se popularizara en castellano con el título de *Tecnópolis*, cuando en verdad con este término se suele aludir a los complejos industriales de alta tecnología e innovación construidos en enclaves urbanos estratégicos, a la manera de Silicon Valley. Decidimos conservar el título *Tecnópolis*, pero en el texto fuimos fieles al sentido original del término y lo tradujimos siempre como «tecnopolio».

Postman mostró durante toda su vida un admirable don para la comunicación, tanto oral como escrita. Su estilo era deliberadamente claro y sencillo —si bien no exento de profundidad—, algo que le granjeó reconocimiento, como cuando, en 1986, ganó el Premio Orwell a la Honestidad y la Claridad del Lenguaje por su obra *Divertirse hasta morir*. Se mostraba siempre, además, deliciosamente mordaz, irónico y divertido, exhibiendo en todo momento una extraordinaria amabilidad y capacidad de escucha hacia sus interlocutores.

En los años ochenta, Postman comenzó a adquirir mayor notoriedad pública, gracias en buena medida a sus apariciones en programas de televisión, donde acudía para exponer sus críticas precisamente hacia ese medio y hacia las nuevas tecnologías en general. Participó asimismo en numerosas charlas y conferencias, a donde iba encantado y dispuesto a explicar sus puntos de vista, aunque se tratara de un público *a priori* suspicaz e incluso potencialmente hostil. Un ejemplo es una conferencia de 1993 en la sede —nada menos— de Apple, ante informáticos y científicos de la computación. Cuando hubo terminado su charla, preguntó al moderador si había entre el público alguna pregunta. «Oh, yeah», contestaron varias voces al unísono, a lo que Postman replicó, riendo: «Me siento un poco como Lutero hablando ante curas católicos».

En este libro hemos querido dar a conocer esta faceta de Postman, recuperando siete de sus charlas y conferencias, inéditas hasta ahora en castellano, que van de 1987 a 2000. Frente al entusiasmo ante los progresos de la comunicación y la informática, la voz de Neil Postman se alzó, casi solitaria, para advertirnos de las graves consecuencias de aceptar sin precaución toda innovación técnica. En una civilización que vuelve sagrados los ordenadores y la televisión, y convierte en fetiche toda innovación, Postman abogaba por armarse de un «ateísmo tecnológico» con el que defender todo lo que mereciera la pena preservar de una cultura y una tradición: es en ese sentido como cabe entender que —como vemos en el primero de los textos— se definiera provocadoramente como «conservador», esto es, conservador ante la labor implacablemente destructora del capitalismo tecnoindustrial. No es casual que otros dos grandes críticos de la tecnología como Günther Anders y Pier Paolo Pasolini también se definieran a sí mismos como conservadores.

Neil Postman falleció en 2003, con setenta y dos años, a causa de un cáncer de pulmón. No pudo comprobar hasta qué punto se harían realidad sus predicciones sobre los peligros de un mundo entregado al monopolio de la tecnología y al imperio de la distracción y la superficialidad.

Resulta aun así asombroso cómo resuenan hoy sus enseñanzas y advertencias plasmadas en estos ensayos. Esperamos que haya lectores que quieran escuchar y hacer propio su llamamiento a que nuestra cultura trate de alzar defensas frente a una civilización entregada al reino informático.

La perspectiva conservadora

1987

Cada época tiene sus propias formas especiales de imperialismo. Y lo mismo ocurre con cada conquistador. En los siglos XVIII y XIX, cuando los británicos dominaban la técnica, su método de invasión consistía en enviar su armada, luego su ejército, después sus administradores y por último su sistema educativo. Los estadounidenses lo hacen ahora de modo distinto: nosotros enviamos nuestros programas de televisión. El método es todo ventajas: la armada y el ejército no tienen que librar combates nocturnos; la invasión se produce sin pérdida de vidas y sin mucha resistencia. Además, es rápido y placentero. Dentro de unos años, podremos presumir de que en los programas de la televisión estadounidense nunca se pone el sol.

Los rusos aún no se han enterado de lo que está ocurriendo. Cuando Jruschov dijo de Occidente (pero pensando sobre todo en Estados Unidos): «Os enterraremos», hablaba como un hombre preelectrónico, pensando en términos de *realpolitik* decimonónica. Si hubiera sido un estudiante más atento de Marx, habría recordado que la conciencia política nace en las alas de la tecnología, y habría podido comprender entonces que las ondas electromagnéticas penetran más profundamente que los ejércitos. Quizá Gorbachov sí lo entienda. Pero si los rusos siguen confiando en las formas decimonónicas de imperialismo mientras continúan produciendo programas de televisión horribles, pueden acabar convirtiéndose en un país del Tercer Mundo.

Cabría pensar, desde luego, que en Europa se es plenamente consciente de lo que está ocurriendo; y mucha gente lo es. Pero quien no lo es probablemente se sienta desconcertado, dado que el método estadounidense de imperialismo es más sutil de lo que podría parecer. He dicho que lo que hacemos es enviar nuestros programas de televisión. No exactamente. Lo que realmente estamos enviando es nuestra *idea* de la televisión. Para entender lo que significa la *idea* de televisión, hay que distinguir entre una tecnología y un medio. Una tecnología es a un medio lo que el cerebro es a la mente. Como el cerebro, la tecnología es un aparato físico. Como la mente, un medio es un uso que se da a un aparato físico. La televisión es esencialmente la misma tecnología en América y en Europa. Pero durante cuarenta años, han sido dos medios diferentes, utilizados de maneras distintas, con fines distintos, basados en suposiciones distintas. El presente ensayo profundiza en esta cuestión y en las consecuencias que se derivan de ella; se trata de una conferencia que tuvo lugar en Austria ante el Club de Viena, un grupo de empresarios y académicos conservadores.

Como visitante en su país —de hecho, como alguien que ni siquiera conoce vuestra lengua lo bastante bien como para utilizarla en estas circunstancias— me siento obligado a añadir algo a la presentación que me han hecho. Todos ustedes tienen derecho a saber de entrada desde qué perspectivas culturales y políticas veo el mundo, ya que todo lo que voy a decir aquí refleja un punto de vista que muy probablemente difiera del suyo. Soy lo que podría llamarse un conservador. Esta palabra, por supuesto, es ambigua, y puede que ustedes le den un significado distinto al mío. Quizá nos ayude a entendernos si digo que, desde mi punto de vista, Ronald Reagan es un radical.

Es cierto que Reagan habla continuamente de la importancia de preservar instituciones y creencias tradicionales como la familia, la infancia, la ética del trabajo, la abnegación y la piedad religiosa. Pero en realidad no le importa en absoluto que nada de todo esto se conserve. No digo que el presidente Reagan esté *en contra* de preservar la tradición; sólo digo que no es ahí donde radican sus intereses. Es imposible que no se hayan dado cuenta de que lo que más le preocupa es preservar una economía de libre mercado, fomentar el desarrollo de todo lo nuevo y mantener a Estados Unidos por la senda del progreso tecnológico. Es lo que podría llamarse un extremista del libre mercado. O, lo que es lo mismo, un devoto del capitalismo. Un capitalista no puede permitirse el lujo de ser conservador, y no puede sino considerar la tradición como un obstáculo que debe ser superado. Cómo se originó la idea de que los capitalistas son conservadores constituye para mí un misterio. Tal vez quepa explicarlo por algo tan poco siniestro como que los capitalistas tienden a llevar trajes oscuros y corbatas a juego.

En cualquier caso, es bastante fácil documentar que los capitalistas han sido una fuerza de cambio social radical desde el siglo XVIII, especialmente en Estados Unidos. Alexis de Tocqueville se percató de ello cuando estudió las instituciones estadounidenses a principios del siglo XIX:

> El americano vive —escribió— en una tierra de maravillas; todo a su alrededor está en constante movimiento, y cada movimiento parece un avance. En consecuencia, en su mente la idea de novedad está estrechamente ligada a la de mejora. En ninguna parte ve límites que la naturaleza imponga al esfuerzo humano; a sus ojos, algo que no existe es sólo algo que nunca se ha probado.

Este es el credo de los capitalistas de todo el mundo y, debo añadir, es la fuente de gran parte de la energía y el ingenio que han caracterizado a la cultura estadounidense durante casi doscientos años. Ningún pueblo ha mostrado tanta fascinación por las novedades —y en especial por las novedades tecnológicas— como el estadounidense. Por eso nuestros radicales más importantes han sido siempre capitalistas, en particular capitalistas que han explotado las posibilidades de las nuevas tecnologías. Los nombres que me vienen a la cabeza son Samuel Morse, Alexander Graham Bell, Thomas Edison, Henry Ford, William Randolph Hearst, Samuel Goldwyn, Henry Luce, Alan Dumont y Walt Disney, entre muchos otros. Estos capitalistas radicales, enardecidos por su fascinación por las nuevas tecnologías, crearon el siglo XX. Si ustedes están contentos por vivir en él, es a ellos a quienes deben agradecérselo.

Pero, como todos sabemos, en toda virtud se esconde un vicio que sirve de contrapunto. Creo que Tocqueville tenía esto en mente en el pasaje que he citado. Quería alabar nuestra ambición y vitalidad, pero al mismo tiempo condenar nuestra ingenuidad y temeridad. Y sobre todo quería decir que una cultura que exalta lo nuevo sólo por ser nuevo, que fomenta la inclinación radical a explotar lo que es nuevo y que, por tanto, se muestra indiferente a la destrucción de lo viejo, es una cultura que corre un grave riesgo de convertirse en trivial y peligrosa, especialmente peligrosa para sí misma.

Esto es exactamente lo que está ocurriendo en Estados Unidos en la última parte del siglo XX. En la América de nuestros días, la idea de novedad no sólo está ligada a la idea de progreso y mejora, sino que es su misma definición. Si alguien plantea la pregunta de qué es lo que mejora el espíritu humano, o incluso la pregunta más mundana de qué es lo que mejora la calidad de vida, los estadounidenses suelen ofrecer una respuesta muy sencilla: lo nuevo es mejor que lo viejo, lo más nuevo siempre es lo mejor.

El remedio para una filosofía tan estúpida es el conservadurismo; mi versión, no la del presidente Reagan. Un verdadero conservador como yo sabe que la tecnología siempre fomenta un cambio social radical. Un verdadero conservador sabe también que es inútil pretender que la tecnología no se salga con la suya en una cultura. Pero un conservador reconoce la diferencia entre la violación y la seducción. Al violador no le importa nada su víctima. El seductor debe acomodarse a la voluntad y el temperamento del objeto de sus deseos. De hecho, no quiere tanto una víctima como un cómplice. Lo que quiero decir es que la tecnología puede violar una cultura o verse obligada a seducirla. El objetivo de un auténtico conservador en una era tecnológica es controlar la furia de la tecnología, hacer que se comporte, obstinarse en que se acomode a la voluntad y el temperamento de un pueblo. Su mayor esperanza es que, gracias a sus esfuerzos, haya un mínimo de encanto que pueda acompañar a la unión entre cultura y tecnología.

Estados Unidos es la sociedad más radical del mundo. Está llevando a cabo un vasto experimento social incontrolado que plantea la pregunta: ¿Puede una sociedad preservar alguna de sus virtudes tradicionales sometiendo todas sus instituciones a la soberanía de la tecnología? Quienes vivimos en Estados Unidos y nos inclinamos por responder que no a esta pregunta, estamos bien situados para advertir a nuestros primos europeos, que se preguntan si participar o no plenamente en un experimento semejante.

Voy a limitarme ahora a hablar de la tecnología de la televisión, que, por el momento, representa la amenaza más grave para los modelos tradicionales de vida en todas las naciones industrializadas, incluida la vuestra. Y espero que me perdonen si empiezo citando a Karl Marx. Marx escribió hace tiempo: «Un fantasma recorre Europa». El fantasma que tenía en mente era el levantamiento del proletariado. El fantasma que yo tengo en mente es la televisión privada*. En toda Europa —Alemania Occidental, Suecia, Francia, Holanda, Suiza, Dinamarca— el fantasma de la televisión privada está haciendo sentir su presencia. Que esto amenaza con socavar los cimientos de

* Aquí y en otras partes del libro, hemos traducido de este modo el original «commercial television», esto es, los canales televisivos propiedad de empresas privadas cuyos beneficios se derivan principalmente de la emisión de anuncios (*commercials*, en inglés), frente al modelo de televisión pública imperante en muchos países europeos donde no se permite la publicidad. *(Todas las notas son del traductor)*

todos los países de Europa Occidental debería ser obvio, pero me temo que no se ha reflexionado lo suficiente acerca de esta posibilidad.

Sólo en París hay siete cadenas de televisión con publicidad, y ahora se ha instalado una octava en tres estaciones de metro parisinas. Consta de ciento cincuenta unidades de circuito cerrado, cada una de las cuales transmite treinta minutos de programación: cuatro minutos de noticias sobre el sistema de metro, dieciséis minutos de programas y diez minutos de publicidad. Los anuncios cuestan 7.500 dólares semanales por cada anuncio de treinta segundos. En lo que viene ya a ser el eufemismo del año, el director de marketing del sistema de metro de París declaró: «Es una manera de cambiar el ambiente de las estaciones de metro». Evidentemente, este hombre ha confundido causa y efecto. Si los franceses necesitan entretenimiento televisivo cuando van de un extremo de la ciudad a otro, entonces podemos decir que no es el ambiente del metro lo que ha cambiado, sino el ambiente de la cultura francesa. Entendiendo por «ambiente» los hábitos mentales de la gente.

En Inglaterra, que cuenta con dos cadenas de televisión privada, ya han aparecido extensos anuncios políticos. En uno de ellos, una estrella de los Monty Python, John Cleese, realizaba un número cómico de quince minutos cuyo objetivo era pedir el apoyo para un nuevo partido político. Las agencias de publicidad británicas creen que esta mezcla de comedia y política representa el futuro. Conseguir apoyo para un partido organizando una fiesta*.

En Dinamarca, que se había opuesto sistemáticamente a la televisión privada, ya se han ultimado los planes para permitir la publicidad en el segundo canal nacional de televisión, que empezará a emitir en 1988. Como ocurre actualmente en Austria, estará prohibida la publicidad de tabaco y alcohol. También lo estarán los anuncios de medicamentos, bancos, partidos políticos y organizaciones religiosas, así como los anuncios dirigidos específicamente a los jóvenes. Los daneses suelen ser un pueblo realista y lúcido. Pero, ¿alguien cree que el fantasma de la televisión privada podrá ser apaciguado con tales transigencias? Tal vez. Y tal vez se apacigüe también en Austria. Pero si no es el caso, vuestro país podría perder rápidamente muchas de las cosas que aman y admiran de él.

De modo que lo que me gustaría hacer es asustarles un poco realizando una serie de profecías sobre lo que ocurrirá si Austria permite que su tecnología televisiva se convierta en una mercancía de libre mercado. Estas profecías se basan en gran medida en las experiencias de mi país,

---

* En inglés, *party* puede traducirse tanto por «fiesta» como por «partido». Hace no muchos años, una campaña del Partido Laborista inglés de Jeremy Corbyn hizo uso de este doble sentido del término —pero sin atisbo de ironía— con el lema «Join the party», que puede traducirse tanto por «Únete al partido» como por «Vente a la fiesta».

que en la actualidad constituye el único caso en que los intereses comerciales dominan la televisión.

A modo de prefacio, quisiera hacer dos observaciones. La primera es que, en principio, un conservador no está obligado a oponerse a la radiotelevisión pública. Uno de los conservadores estadounidenses más conocidos de este siglo, Herbert Hoover, nuestro trigésimo primer presidente, se mostraba horrorizado ante la perspectiva de abrir la radiodifusión a los intereses privados. En 1923, cuando era Secretario de Comercio, expresó con énfasis su esperanza de que la radio, que consideraba un instrumento de educación pública, se mantuviera al margen del mercado. No cabe duda de que si viera hoy la televisión estadounidense, lamentaría que se hubieran ignorado sus consejos. Aunque los conservadores desconfían con razón de la autoridad estatal y, por tanto, de la televisión controlada por el Estado, no tendrían por qué ser tan necios como para suponer que el Estado es el único enemigo de la libertad de elección, o no necesariamente el peor.

Lo que me lleva a mi segunda observación. Si uno se pregunta si un sistema de televisión controlado por el Estado limita la libertad de expresión y de elección, la respuesta es, obviamente, que sí. Pero es extremadamente ingenuo creer que un sistema de televisión de libre mercado no limita también la libertad. En Estados Unidos, donde la televisión está controlada por los ingresos publicitarios, su función principal es, naturalmente, ofrecer audiencia a los anunciantes. Cuanto más popular es un programa, más dinero puede cobrar al anunciante por la publicidad. El año pasado, cuando empezó «La Hora de Bill Cosby», el coste de treinta segundos de publicidad en ese programa era de 50.000 dólares. Este año, cuando el programa es número uno en las audiencias, el coste es de 300.000 dólares por treinta segundos. Lo que es popular da dinero y, por tanto, permanece; lo que no da dinero, desaparece. La televisión estadounidense limita la libertad de expresión y de elección porque su único criterio de mérito e importancia es la popularidad. Y esto, a su vez, significa que todo lo que conlleva complejidad o seriedad, o va en contra del gusto popular, no aparece en la tele.

¿Qué ocurrirá si la televisión privada se consolida en Austria? Por televisión privada me refiero a un sistema que se sustente en gran medida con ingresos publicitarios, y que tenga un mínimo de regulaciones gubernamentales sobre qué se puede emitir y cuándo. Si algo así llegara a Austria, esto es lo que yo vaticino.

En primer lugar, la televisión privada presionará más y más para aumentar el número de horas de emisión al día. Hay mucho dinero en juego como para permitir que haya partes del día inutilizadas. Cuando haya un canal privado en pleno funcionamiento, habrá presiones para permitir que surjan otros. Cuando haya dos o más canales, estos competirán entre sí para atraer la atención de la audiencia y el dinero de la publicidad. Esto conducirá a un aumento de programas de televisión al estilo americano: programas de ritmo rápido, visualmente dinámicos, más centrados en imágenes interesantes que en contenidos serios. Esto significa un aumento de la comedia, las persecuciones de coches, violencia y material de contenido sexual.

Para mantener su audiencia, los canales públicos se verán obligados a competir con una programación de tipo comercial, y también acabará por parecerse a la televisión estadounidense. Esto es exactamente lo que le ha sucedido a la BBC en Inglaterra y al Public Broadcasting System en Estados Unidos.

A medida que la audiencia acabe por esperar programas de ritmo rápido, estimulantes a nivel visual, empezará a encontrar aburridos los informativos y los programas que aborden asuntos de interés público. Para competir con los programas de entretenimiento, los informativos y los programas de asuntos públicos harán más énfasis en lo visual y lo personal. Como resultado, se producirá una merma en la capacidad del público para comprender y debatir acontecimientos y problemáticas de forma seria.

Evidentemente, la publicidad televisiva hará que los anunciantes abandonen revistas y periódicos; algunos de ellos quebrarán, mientras que otros cambiarán su formato y estilo para competir por la audiencia con la televisión, y adaptarse así al estilo de pensamiento promovido por la televisión. Dirigirán progresivamente sus contenidos a las imágenes y brindarán titulares dramáticos, hablarán de gente famosa y presentarán historias sensacionalistas. La redacción, por supuesto, será menos sustanciosa y compleja. Para hacerse una idea de lo que quiero decir, les sugiero que echen un vistazo a nuestro periódico de tirada nacional USA *Today*, creado en fechas recientes y ya de mucho éxito; también deberían tomar nota del hecho de que una de las revistas literarias más antiguas y distinguidas de Estados Unidos, *Harper's*, se ha visto obligada a reducir considerablemente la longitud de sus artículos y relatos para adaptarse a la mermada capacidad de atención de sus lectores.

El uso que se hace de los libros también cambiará. Sospecho que se producirá una erosión del concepto de lector común, el tipo de persona que obtiene de las novelas y de los libros de no ficción la mayor parte de su experiencia literaria y su conocimiento. Es muy probable que aumente tanto el número de analfabetos como el de la gente que, aun sabiendo leer, no lee: en Estados Unidos se calcula que hay sesenta millones de estas personas, y, según un informe de la Biblioteca del Congreso, puede que haya un número igual de analfabetos. En todo caso, veremos desarrollarse una impaciencia generalizada hacia los libros, especialmente con aquellos en los que el lenguaje se utilice con sutileza para expresar ideas complejas. Lo más probable es que disminuya la capacidad analítica y crítica de los lectores. Según los resultados de las pruebas que se realizan en las escuelas, esto ha venido ocurriendo en Estados Unidos durante los últimos veinticinco años. Sospecho que también disminuirá la preocupación por la historia, que será sustituida por un interés consumista por el presente.

Los efectos en la vida política serán devastadores. Se pondrá el foco no tanto en las problemáticas, las ideas y el contenido, como en la imagen y el estilo. Los políticos se preocuparán más por los vaivenes y cambios de la opinión pública y menos por las políticas a largo plazo. A menos que se prohíba estrictamente el uso de la televisión en las campañas políticas, las elecciones pueden decidirse en función de qué partido gasta más en televisión y en asesores mediáticos. Incluso aunque se prohibieran los anuncios de partidos, los políticos podrán aparecer en programas de entretenimiento y cabe esperar que acabarán preguntándoles por cosas ajenas a la política, como sus gustos en coches, la marca de cerveza que beben o qué toman para desayunar. La línea divisoria entre el entretenimiento y la vida política se difuminará, y las estrellas de cine podrán ser tomadas seriamente como candidatos políticos.

Una vez que la población se acostumbre a pasar gran parte de su tiempo viendo la tele —en Estados Unidos, el hogar medio tiene la televisión encendida unas ocho horas al día— disminuirán las actividades fuera del hogar: menos gente juntándose en parques, bares, salas de conciertos y otros lugares públicos. Al disminuir la vida en la calle, también podría darse que aumente la delincuencia.

Por supuesto, los jóvenes sentirán cada vez más indiferencia por la escuela y la lectura. Es probable que los juegos infantiles vayan desapareciendo. De hecho, se considerará fundamental que los niños no dejen de ver la tele, porque constituirán un grupo importante de consumidores. En Estados Unidos, los niños ven 5.000 horas de televisión antes de entrar en la guardería y 16.000 horas al final de la enseñanza secundaria. A la televisión privada no le disgustan los niños; simplemente no puede permitirse la idea de la infancia. El consumo tiene prioridad.

Naturalmente, la vida familiar cambiará significativamente. Habrá menos interacción entre los miembros de la familia y, desde luego, menos conversaciones entre padres e hijos. Las conversaciones que se produzcan serán muy diferentes de las que estamos acostumbrados a escuchar. Los jóvenes hablarán de asuntos que antes se limitaban a los adultos. La televisión privada es un medio que no segrega a su audiencia, por lo que todos los segmentos de la población comparten el mismo mundo simbólico. Puede que al final la línea que separa la edad adulta de la infancia acabe por ser borrada por completo.

Como en Austria ya existen algunos anuncios televisivos, ya habréis comprobado cómo los anuncios acentúan los valores de la juventud, cómo ensalzan el consumo, la inmediata gratificación de los deseos, el amor por todo lo nuevo, el desprecio por todo lo viejo. Las pantallas saturadas de anuncios promueven la idea utópica e infantil de que todos los problemas tienen soluciones rápidas, sencillas y tecnológicas. Hay que desterrar de nuestras mentes la ingenua noción de que los anuncios nos hablan de productos y mercancías: tratan de ellos en el mismo sentido en que la historia de Jonás trata de la anatomía de las ballenas. Los anuncios tratan acerca de valores, mitos y fantasías. Incluso se podría decir que forman un corpus de literatura religiosa, un vasto cúmulo de textos sagrados en formato visual que proporcionan a la gente historias e imágenes en torno a las cuales organizar sus vidas. Para que se hagan una idea de dicha vastedad, les diré que el estadounidense habrá visto de media aproximadamente un millón de anuncios de televisión, a razón de mil por semana, a la edad de veinte años. A los sesenta y cinco años, el estadounidense medio habrá visto más de dos millones de anuncios de televisión. La televisión privada añade a las tablas de la ley varios mandamientos impíos: no tendrás más dioses que el consumo; despreciarás lo viejo; sólo buscarás entretenimiento en todo momento; rehuirás de la complejidad como de las diez plagas que asolaron Egipto.

Tal vez piensen que estoy exagerando los resultados sociales y mentales de la televisión privada y que, en todo caso, lo que ha ocurrido en Estados Unidos no podría ocurrir en Austria. Si es así, sobrevaloran ustedes el poder de la tradición y subestiman el de la tecnología. Para que comprendan con más claridad la magnitud de las fuerzas desencadenadas por el cambio tecnológico, sólo tienen que recordar lo que el automóvil ha traído a Austria. ¿No ha cambiado la naturaleza de vuestras ciudades, creado barrios periféricos, envenenado el aire y los bosques, reestructurado la economía? No deben llevarse a engaño con lo que saben de la cultura austriaca de 1987. Austria sigue viviendo en la era de Gutenberg. Y la televisión privada dirige contra semejante atraso unos ataques de una ferocidad asombrosa.

Por ejemplo, en la actualidad, menos del 20% de la población austriaca ve la tele por la noche. Un sistema de televisión privada encontraría intolerable esta situación. En Estados Unidos, alrededor del 75% de la población adulta ve la televisión por la noche, y las cadenas consideran que incluso esas cifras son insatisfactorias. En Austria, los anuncios publicitarios se agrupan para que no interfieran en la continuidad de los programas. Tal situación no tiene sentido en un sistema privado y comercial. La idea es precisamente interrumpir la continuidad de los programas para que nuestras cabezas no dejen de pensar en el consumo. De hecho, el objetivo es borrar la distinción entre los programas de la tele y los anuncios. En Austria no hay muchas agencias de publicidad, y las que existen son pequeñas y no tienen una gran influencia. En Estados Unidos, nuestras agencias de publicidad figuran entre las empresas más grandes y poderosas del mundo. La fusión de Doyle, Dane, Bernbach con BBD&O y Needham Harper proporcionará a esta nueva empresa publicitaria la posibilidad de facturar 5.500 millones de dólares al año, de los que posiblemente 500 millones de dólares correspondan únicamente a la televisión americana. Se trata de mucho dinero, y estamos hablando de unos radicales que van muy en serio. No pueden permitir que una cultura conserve viejas ideas sobre el trabajo, la religión, la política o la infancia. Y no pasará mucho tiempo antes de que ellos y los de su especie aparezcan en Austria.

Si, como yo, ustedes se declaran partidarios de una auténtica filosofía conservadora, una que busque preservar lo que alimenta el espíritu, harían bien en abordar con extrema cautela todas las propuestas de un sistema de televisión de libre mercado. De hecho, iré más lejos: sostener que la transformación de Austria, o de cualquier otro país, de una cultura basada en la prensa escrita a una cultura basada en la televisión puede dejar intactas las tradiciones de dicho país, es pura hipocresía o ignorancia. Los conservadores saben que esto no tiene sentido, y por eso les preocupa. Los radicales también lo saben. Pero no les importa.

Informarse hasta morir

1990

El gran dramaturgo y filósofo social inglés George Bernard Shaw dijo una vez que todas las profesiones son conspiraciones contra la gente corriente. Se refería a que quienes pertenecen a oficios de élite —médicos, abogados, profesores y científicos— protegen su estatus especial creando vocabularios incomprensibles para el público general. Este proceso impide que los de fuera comprendan en qué consiste tal profesión y el porqué de su existencia, protegiendo a los que están dentro de toda crítica y examen. En otras palabras, las profesiones construirían barreras infranqueables de jerigonza técnica más allá de las cuales un ojo ajeno e indiscreto no puede ver.

A diferencia de George Bernard Shaw, yo no me quejo de esta situación, pues mi oficio es el de profesor y aprecio la jerigonza técnica tanto como cualquiera. Pero no me opongo a que, de vez en cuando, alguien que no conoce los secretos de mi oficio pueda traspasar los muros para expresar un punto de vista inexperto. A veces, alguien así puede dar una opinión refrescante o, mejor aún, ver algo de una manera que los profesionales han pasado por alto.

Creo que se me ha invitado a intervenir en esta conferencia precisamente con este propósito*. No sé mucho más de informática que el común de la gente, que no es mucho. Me cuesta entender qué es lo que apasiona tanto a un programador informático o a un científico de la computación, y cuando he echado un vistazo a las descripciones de las ponencias de este congreso, cada una me parecía más misteriosa que la anterior. Por lo tanto, yo soy aquí inequívocamente un extraño.

Pero creo que lo que se busca aquí no es simplemente que venga un extraño, sino un extraño que tenga un punto de vista que pueda ser útil a quienes pertenecen a esta profesión. Y por eso he aceptado la invitación para venir a hablar hoy aquí. Creo que sé algo sobre lo que la tecnología hace a la cultura, y sé aún más sobre lo que la tecnología deshace en una cultura. De hecho, de entrada podría decir que lo que una tecnología deshace es un tema del que los expertos en informática tienen pinta de saber muy poco.

* La conferencia aquí transcrita tuvo lugar ante la Sociedad Alemana de Informática, patrocinada por IBM.

He oído a muchos expertos en tecnología informática hablar acerca de las ventajas que traerán los ordenadores. Sin embargo, con una sola excepción —a saber, Joseph Weizenbaum—, nunca he oído a nadie hablar de manera seria y exhaustiva acerca de las desventajas de la tecnología informática, algo que me resulta extraño y que me lleva a preguntarme si esta profesión oculta algo importante. Es decir, lo que parece faltar entre los expertos en informática es un sentido de la modestia tecnológica.

Al fin y al cabo, todo aquel que haya estudiado la historia de la tecnología sabe que el cambio tecnológico es siempre un pacto fáustico: la tecnología da y la tecnología quita, y no siempre en la misma medida. Una nueva tecnología a veces crea más de lo que destruye. En ocasiones, destruye más de lo que crea. Pero nunca es unilateral.

La invención de la imprenta es un ejemplo excelente. La imprenta fomentó la idea moderna de individualidad, pero destruyó el sentido medieval de comunidad e integración social. La imprenta creó la prosa, pero convirtió la poesía en una forma de expresión exótica y elitista. La imprenta hizo posible la ciencia moderna, pero transformó la sensibilidad religiosa en un ejercicio de superstición. La imprenta contribuyó al crecimiento del Estado-nación, pero, al hacerlo, convirtió el patriotismo en una emoción despreciable, cuando no asesina.

Cabe formularlo de otra manera: una nueva tecnología tiende a favorecer a algunos grupos de personas y a perjudicar a otros. Los maestros de escuela, por ejemplo, probablemente queden a la larga obsoletos por la televisión, como los herreros quedaron obsoletos por el automóvil, como los trovadores quedaron obsoletos por la imprenta. En otras palabras, el cambio tecnológico siempre genera ganadores y perdedores.

En el caso de la tecnología informática, no cabe duda de que el ordenador ha aumentado el poder de las grandes organizaciones, como los ejércitos, las compañías aéreas, los bancos o Hacienda. Y es igualmente evidente que el ordenador es ahora indispensable para los investigadores de alto nivel en física y otras ciencias naturales. Pero, ¿hasta qué punto la tecnología informática ha supuesto una ventaja para las masas? ¿Para los trabajadores del acero, los dueños de fruterías, los profesores, los mecánicos de coches, los músicos, los panaderos, los albañiles, los dentistas y la mayoría del resto de personas en cuyas vidas se inmiscuye ahora el ordenador? Los asuntos privados de esta clase de personas se han vuelto más accesibles a las instituciones poderosas. Se les puede seguir y controlar más fácilmente, se las somete a más investigaciones y se sienten cada vez más desconcertadas por las decisiones que se toman en los asuntos que les conciernen. Cada vez se ven más reducidas a meros objetos numéricos. Acaban sepultadas por el correo basura. Son blancos fáciles para las agencias de publicidad y las organizaciones políticas. Los colegios enseñan a sus hijos a manejar sistemas informáticos en lugar de enseñarles cosas que les resultarían mucho más valiosas. En definitiva, los perdedores no obtienen prácticamente nada que necesiten, y por eso son los perdedores.

Es de esperar que los ganadores —por ejemplo, la mayoría de los ponentes de este congreso— animen a los perdedores a sentir entusiasmo hacia la tecnología informática. Así es como actúan los ganadores, y por eso a veces les dicen a los perdedores que con el ordenador personal el ciudadano medio puede hacer un balance más ordenado de sus cuentas, organizar mejor sus recetas y elaborar listas de la compra más lógicas. También les dicen que pueden votar desde casa, comprar desde casa u obtener toda la información que deseen desde casa, volviendo así innecesaria la vida en comunidad. Les dicen que sus vidas serán más eficientes, pero disimuladamente olvidan decir desde el punto de vista de quién es más eficiente, o cuál podría ser el precio de dicha eficiencia.

Si los perdedores se muestran escépticos, los ganadores les deslumbran con las maravillosas hazañas de los ordenadores, muchas de las cuales sólo tienen una relevancia marginal para la calidad de vida de los perdedores, pero que no dejan de ser asombrosas. Al final, los perdedores sucumben, en parte porque creen que el conocimiento especializado de los eruditos de una tecnología informática es una forma de sabiduría. Dichos eruditos, por supuesto, también acaban por creérselo. El resultado es que nunca afloran ciertas preguntas, como por ejemplo: ¿A quiénes proporcionará mayor poder y libertad el ordenador? ¿Quiénes verán mermados su poder y su libertad?

Tal vez todo esto suene como una conspiración bien planeada, como si los ganadores supieran muy bien lo que se gana y lo que se pierde. Pero no es exactamente así como sucede, porque los ganadores no siempre saben lo que están haciendo y adónde conducirán las cosas. Los monjes benedictinos que inventaron el reloj mecánico en los siglos XII y XIII creían que dicho reloj proporcionaría una regularidad precisa a los siete periodos de devoción que debían observar a lo largo del día. Y así fue. Pero de lo que no se dieron cuenta los monjes es de que el reloj no es sólo un medio para llevar la cuenta de las horas, sino también para sincronizar y controlar las acciones de los hombres. Y así, a mediados del siglo XIV, el reloj había salido de los muros del monasterio y aportaba una regularidad nueva y precisa a la vida del obrero y del comerciante. El reloj mecánico volvió posible la idea de una producción regular, horarios de trabajo regulares y un producto estandarizado. Sin el reloj, el capitalismo habría sido imposible. Así pues, he aquí una gran paradoja: el reloj fue inventado por hombres que querían dedicarse más rigurosamente a Dios; y acabó siendo la tecnología de mayor utilidad para los hombres que deseaban dedicarse a la acumulación de dinero. La tecnología siempre tiene consecuencias imprevistas, y no siempre está claro, al principio, quién o qué ganará, y quién o qué perderá.

Se podría añadir, a modo de otro ejemplo histórico, que Johannes Gutenberg era, según todos los indicios, un cristiano devoto que se habría horrorizado al oír a Martín Lutero, el hereje maldito, declarar que la imprenta es «el mayor acto de gracia de Dios, por el que se impulsa el Evangelio». Gutenberg pensaba que su invento haría avanzar la causa de la Santa Sede Romana, mientras que, en realidad, resultó traer una revolución que destruyó el monopolio de la Iglesia.

Podríamos preguntarnos, entonces, si algo de lo que los eruditos de la tecnología informática creen estar haciendo por nosotros, podría darnos —a nosotros y a ellos— motivos para lamentarlo. Creo que tal es el caso, como he querido sugerir con el título de mi presentación: «Informarse hasta morir». En lo que me resta de conferencia, intentaré explicar qué tiene de peligroso el ordenador, y por qué. Y confío en que se mostrarán lo suficientemente abiertos como para considerar lo que tengo que decir. Bien, creo que puedo empezar entrar en materia hablándoles de un pequeño experimento que he estado llevando a cabo en los últimos años. Hay quien describe el experimento como un ejercicio de oportunismo y engaño, pero confiaré en su sentido del humor para salir del paso.

La cosa funciona así: lo suyo es hacer el experimento por la mañana, en cuanto veo aparecer a un colega de la facultad que no parezca llevar consigo un ejemplar del *New York Times*. Le pregunto: «¿Has leído el *Times* esta mañana?».

Si mi colega responde que sí, ese día no hay experimento. Pero si la respuesta es negativa, el experimento puede continuar. «Pues te recomiendo que eches un vistazo a la página 23 —le digo—, hay un artículo fascinante acerca de un estudio realizado en la universidad de Harvard». «¿En serio? ¿De qué trata?» suelen replicar. En este punto, sólo mi imaginación pone límites a mi respuesta, pero podría ser algo así: «Pues han hecho un estudio para averiguar qué alimentos son los mejores para perder peso, y resulta que una dieta normal complementada con pastelitos de chocolate, ingeridos seis veces al día, es el mejor enfoque. Parece existir en los pastelitos de chocolate algún nutriente especial —dioxina encomial— que consume calorías a un ritmo increíble».

Otra posibilidad, que me gusta utilizar con colegas con una notoria preocupación por la salud, es esta: «Creo que esto te interesará», avanzo. «Los neurofisiólogos de la Universidad de Stuttgart han descubierto una conexión entre el *footing* y una disminución de la inteligencia. Han hecho pruebas a más de 1.200 personas durante cinco años y han descubierto que, a medida que aumentaba el número de horas que las personas hacían *footing*, disminuía su inteligencia. No saben exactamente por qué, pero es así».

Estoy seguro de que, a estas alturas, ya entienden cuál es mi papel en el experimento: informar de algo que resulta bastante ridículo... cuando no directamente inverosímil. Permítanme hablarles, pues, de algunos de mis resultados. A menos que sea la segunda o tercera vez que lo intento con la misma persona, la mayoría de la gente se cree lo que les he contado, o al menos no me lo rebate. En ocasiones me responden: «¿De verdad? ¿Lo dices en serio?». En otras muestran algo de escepticismo: «¿Dónde dices que han hecho ese estudio?». Y a veces replican: «Ah, sí, algo había oído».

Bien, podrían extraerse varias conclusiones de estos resultados, una de las cuales fue expresada por H. L. Mencken hace cincuenta años cuando afirmó que no existe ninguna idea tan estúpida como para no encontrar un profesor que se la crea. Se trata más de una acusación que de una explicación, pero en todo caso he probado este experimento con personas que no son profesores universitarios y he obtenido más o menos los mismos resultados. Otra posible conclusión es la expresada por George Orwell —hará también unos cincuenta años— cuando señaló que hoy día la gente es tan ingenua como lo era en la Edad Media. Entonces la gente creía en la autoridad de su religión, pasara lo que pasara. Hoy en día, creemos en la autoridad de nuestra ciencia, pase lo que pase.

Pero creo que hay incluso otra conclusión más importante, relacionada con la de Orwell, pero en cierto sentido de modo tangente. Me refiero al hecho de que el mundo en el que vivimos resulta prácticamente incomprensible para la mayoría de nosotros. No hay casi ningún hecho —real o imaginario— que nos sorprenda durante mucho tiempo, ya que no tenemos una imagen completa y coherente del mundo que provoque que el hecho aparezca como una contradicción inaceptable. Creemos porque no hay razón para no creer; ninguna razón social, política, histórica, metafísica, lógica o espiritual. Vivimos en un mundo que, en su mayor parte, no tiene sentido para nosotros. Y mucho menos sentido técnico. No es mi intención probar mi experimento ante el público aquí presente, sobre todo después de haber explicado en qué consiste, pero si les contara que los asientos en que se encuentran ahora sentados fueron fabricados mediante un proceso especial que utiliza la piel de un arenque de Bismarck, ¿en qué se basarían para rebatirme? Por lo que saben —de hecho, por lo que yo sé— la piel de un arenque de Bismarck *podría* haber servido para fabricar estos asientos. Y si consiguiera que un químico industrial confirmara este hecho describiendo algún incomprensible proceso de producción, probablemente alguno de ustedes iría luego contando que pasó toda la tarde sentado en un arenque de Bismarck.

Tal vez pueda afinar el tiro con esta analogía: si abrieras una baraja nueva y empezaras a darle la vuelta a las cartas, una a una, tendrías una idea bastante aproximada de cuál es su orden. Después de haber pasado del as de picas al nueve de picas, esperarías que apareciera un diez de picas. Y si en su lugar apareciera un tres de diamantes, te sorprenderías y te preguntarías qué clase de baraja es esta. Pero si te dieran una baraja que se ha barajado veinte veces y te pidieran que dieras la vuelta a las cartas, no esperarías ninguna carta en particular: un tres de diamantes sería tan probable como un diez de picas. Al no tener ninguna base para presuponer un orden determinado, no tendrías ningún motivo para reaccionar con incredulidad o incluso sorpresa ante cualquier carta que apareciera.

La cuestión es que, en un mundo sin orden espiritual o intelectual, nada es increíble; nada es predecible y, por tanto, nada resulta especialmente sorprendente.

De hecho, cabría decir que George Orwell fue injusto con la Edad Media. El sistema de creencias de la Edad Media era más bien como mi flamante baraja de cartas nueva. Existía una visión del mundo ordenada y comprensible, que comenzaba con la idea de que todo el conocimiento y la bondad procedían de Dios. Lo que los monjes tenían que decir sobre el mundo se derivaba de la lógica de su teología. No había nada arbitrario en las cosas que se pedía a la gente que creyera, incluido el hecho de que el mundo hubiera sido creado a las 9 de la mañana del 23 de octubre del año 4004 a. C. Eso podía explicarse, y se explicaba, con bastante claridad, y todos quedaban conformes, como con el hecho de que 10.000 ángeles pudieran bailar sobre la cabeza de un alfiler. Tenía todo bastante sentido si creías que la Biblia es la palabra revelada de Dios y que el universo está poblado de ángeles. El mundo medieval era, sin duda, un lugar misterioso y lleno de maravillas, pero no carecía de un sentido del orden. Puede que los hombres y mujeres corrientes no comprendieran claramente cómo encajaban las duras realidades de sus vidas en ese gran y benévolo plan, pero no dudaban de que tal diseño existía, y sus monjes eran muy capaces, por deducción de un puñado de principios, de volverlo, si no racional, al menos coherente.

La situación en la que nos encontramos en la actualidad es muy distinta. Y debo decir que la considero más triste y más confusa y ciertamente más misteriosa. Se asemeja más bien al mazo de cartas barajado al que me refería antes. No existe una concepción coherente e integrada del mundo que sirva de base a nuestro edificio de creencias. Y por eso, en cierto sentido, somos más ingenuos que en la Edad Media, y estamos más asustados, porque se nos puede hacer creer en casi cualquier cosa. La piel de un arenque de Bismarck tiene tanto sentido como una aleación de vinilo o una dioxina encomial.

Ahora bien, en cierto modo, nada de esto es culpa nuestra. Si se me permite darle la vuelta a la sabiduría de Casio: la culpa no está en nosotros, sino casi literalmente en las estrellas. Cuando Galileo dirigió su telescopio hacia los cielos, y permitió a Kepler mirar también, no encontraron ningún encantamiento o discernimiento en las estrellas, sólo patrones geométricos y ecuaciones. Dios, al parecer, no era tanto un filósofo moral como un maestro matemático. Este descubrimiento contribuyó a impulsar el desarrollo de la física, pero no hizo sino perjudicar a la teología. Antes de Galileo y Kepler, era posible creer que la Tierra era el centro estable del universo y que Dios se interesaba especialmente por nuestros asuntos. Después, la Tierra se convirtió en una errante solitaria en una oscura galaxia en un rincón oculto del universo, y nos quedamos con la duda de si Dios tenía algún interés en nosotros. El mundo ordenado y comprensible de la Edad Media empezó a desmoronarse porque la gente ya no veía en las estrellas el rostro de un amigo.

Pero hay algo más que en su día teníamos de nuestro lado y ahora también se ha vuelto contra nosotros. Me refiero a la información. Hubo un tiempo en que la información era un recurso que ayudaba a los seres humanos a resolver problemas específicos y urgentes de su entorno. Es cierto que en la Edad Media había escasez de información, pero su misma escasez la volvía útil y fundamental. Esto empezó a cambiar, como todo el mundo sabe, a finales del siglo XV, cuando un orfebre llamado Johannes Gutenberg, nacido en la ciudad alemana de Maguncia, convirtió una vieja prensa de vino en una máquina de imprimir y, al hacerlo, creó lo que hoy llamamos una explosión de la información. Cuarenta años después de la invención de la imprenta, había imprentas en ciento diez ciudades de seis países diferentes; cincuenta años después, se habían impreso más de ocho millones de libros, casi todos ellos llenos de información que antes no estaba al alcance del ciudadano medio. Nada es más engañoso que la idea de que la tecnología informática introdujo la era de la información. La imprenta inició esa era, y desde entonces no nos hemos librado de ella.

Pero lo que empezó como una corriente liberadora se ha convertido en un aluvión de caos. Si me permiten tomar mi propio país como ejemplo, esto es a lo que nos enfrentamos: en Estados Unidos hay 260.000 vallas publicitarias, 11.520 periódicos, 11.556 revistas, 27.000 puntos de alquiler de cintas de vídeo, 362 millones de televisores y más de 400 millones de radios. Cada año se publican 40.000 nuevos libros (300.000 en todo el mundo) y cada día se hacen en Estados Unidos 41 millones de fotografías, y para que conste, cada año llegan a nuestros buzones más de 60.000 millones de piezas de propaganda publicitaria. Desde la telegrafía y la fotografía en el siglo XIX hasta el chip de silicio en el XX, todo ha amplificado el estruendo de la información, hasta alcanzar hoy tales proporciones que, para el ciudadano medio, la información ya no tiene ninguna relación con la solución de problemas.

El vínculo entre información y acción se ha roto. La información es ahora una mercancía que se puede comprar y vender, o utilizar como forma de entretenimiento, o llevar como una prenda de vestir para mejorar el estatus. Llega de forma indiscriminada, sin dirigirse a nadie en particular, desconectada de su utilidad; estamos saturados de información, ahogados en información, no tenemos control alguno sobre ella, no sabemos qué hacer con ella.

Y hay dos razones por las que no sabemos qué hacer con ella. En primer lugar, como ya he dicho, ya no tenemos una concepción coherente de nosotros mismos, ni de nuestro universo, ni de nuestra relación con los demás y con nuestro mundo. Ya no sabemos, como en la Edad Media, de dónde venimos ni adónde vamos, ni por qué. Es decir, no sabemos qué información es relevante y qué información es irrelevante para nuestras vidas. En segundo lugar, hemos dirigido todas nuestras energías e inteligencia a inventar máquinas que no hacen más que aumentar el suministro de información. Como consecuencia, nuestras defensas contra el exceso de información se han roto; nuestro sistema inmunitario de información es inoperante. No sabemos filtrarla, no sabemos reducirla, no sabemos utilizarla. Sufrimos una especie de sida cultural.

Pues bien, en esta situación entra el ordenador. El ordenador, como sabemos, tiene una cualidad de universalidad, no sólo porque sus usos son casi infinitamente diversos, sino también porque los ordenadores suelen estar integrados en la estructura de otras máquinas. Por lo tanto, sería una idiotez por mi parte advertir contra todos los usos imaginables de un ordenador. Pero es innegable que los usos más notables de los ordenadores tienen que ver con la información. Cuando la gente habla de «ciencias de la información», están hablando de ordenadores: cómo almacenar información, cómo recuperarla, cómo organizarla. El ordenador es una respuesta a las preguntas: cómo puedo obtener más información, de manera más rápida y de forma más eficaz. Parecerían preguntas razonables. Pero ahora me gustaría plantearles otras preguntas que me parecen aún más razonables. ¿Invadió Irak Kuwait por falta de información? Si se produjera una guerra espantosa entre Irak y Estados Unidos, ¿sucedería por falta de información? Si mueren niños de hambre en Etiopía, ¿ocurre por falta de información? ¿El racismo existe en Sudáfrica por falta de información? Si hay delincuencia en las calles de Nueva York, ¿es por falta de información?

O llevémoslo a un nivel más personal: si su pareja y usted no son felices juntos y acaban su matrimonio en divorcio, ¿sucede por falta de información? Si sus hijos se portan mal, ¿sucede por falta de información? Si alguien de su familia sufre una crisis nerviosa, ¿sucede por falta de información?

Creo que tendrán que admitir que lo que nos aqueja, lo que más miseria y dolor nos causa —tanto a nivel cultural como personal— no tiene nada que ver con el tipo de información que pone a nuestro alcance el ordenador. Los ordenadores, y la información que ponen a nuestra disposición, no pueden dar respuesta a ninguna de las cuestiones fundamentales que necesitamos abordar para que nuestras vidas tengan más sentido y sean más humanas.

El ordenador no puede proporcionarnos un marco moral. No puede decirnos qué preguntas merece la pena plantearse. No puede proporcionar un medio para entender por qué estamos aquí, por qué luchamos los unos contra los otros, o por qué la decencia nos resulta tan esquiva, sobre todo cuando más la necesitamos. El ordenador es, en cierto sentido, un portentoso juguete que nos distrae de afrontar lo que más necesitamos afrontar: el vacío espiritual, el conocimiento de nosotros mismos, las concepciones útiles del pasado y del futuro. ¿Hay alguien que eche la culpa al ordenador de todo esto? Por supuesto que no. Al fin y al cabo, no es más que una máquina. Pero es una máquina a la que —como sucede en este congreso— siempre se presenta, con júbilo de trompetas, como un mesías tecnológico.

Gracias al ordenador —nos dicen sus heraldos— mejoraremos la educación, la religión, la política, nuestras mentes y, lo que es mejor, a nosotros mismos. Esto, ni que decir tiene, es una estupidez, y sólo los más jóvenes, los estúpidos o los ignorantes pueden creérselo. Hace un momento he dicho que los ordenadores no tienen la culpa de esto. Y así es, al menos en el mismo sentido en que no culpamos a un elefante por su enorme apetito, o a una piedra por ser dura, o a una nube por tapar el sol. Esa es su naturaleza, y no esperamos nada diferente de ellos. Pero el ordenador también posee una naturaleza. Sí, es sólo una máquina, pero una máquina diseñada para manipular y generar información. Eso es lo que hacen los ordenadores y, por tanto, poseen una agenda y un mensaje inequívoco.

Y el mensaje es que gracias a más y más información, cada vez mejor estructurada, suministrada de forma cada vez más rápida, hallaremos solución a nuestros problemas. Así, ahora tenemos a toda una miríada de jóvenes brillantes que se creen esto a pies juntillas, y que no paran de crear cosas ingeniosas para que el ordenador las haga, con la esperanza de que de este modo seremos más sabios, nobles y decentes. ¿Y quién podría culparles? Gracias a su dominio de esta asombrosa tecnología, adquirirán prestigio, poder y algunos incluso fama. En un mundo poblado por personas que gracias a más y más información creen que se podrá alcanzar el paraíso, el informático es el rey.

Pero yo considero que todo esto constituye un monumental y peligroso despilfarro de talento y energía humana. Imagínense lo que se podría conseguir si ese talento y esa energía se dedicaran a la filosofía, a la teología, a las artes, a la literatura o a la educación. Quién sabe lo que podríamos aprender de esas personas: tal vez averiguaríamos por qué existen las guerras, el hambre, las personas sin hogar, las enfermedades mentales o la ira.

Tal y como están ahora las cosas, los genios de la tecnología informática acabarán por brindarnos la Guerra de las Galaxias, y nos dirán que es la respuesta a la guerra nuclear. Nos brindarán la inteligencia artificial, y nos dirán que ese es el camino hacia el autoconocimiento. Nos brindarán la comunicación instantánea global, y nos dirán que ese es el camino hacia el entendimiento mutuo. Nos brindarán la Realidad Virtual, y nos dirán que esa es la respuesta a la pobreza espiritual. Pero este es únicamente el camino del técnico, del que se alimenta de hechos, del adicto a la información y del necio tecnológico.

Esto es lo que nos dijo Henry David Thoreau: «Todos nuestros inventos no son sino medios mejorados para fines no mejorados». Esto es lo que nos dijo Goethe: «Todos los días deberíamos oír un poco de música, leer una buena poesía, contemplar un cuadro hermoso y, si es posible, decir algunas palabras sensatas». Y esto es lo que nos dijo Sócrates: «Una vida sin examen no vale la pena ser vivida». Y he aquí lo que nos dijo el profeta Miqueas: «¿Qué pide el Señor de ti, sino solamente practicar la justicia, amar la misericordia y caminar humildemente?». Y si tuviera tiempo también podría deciros —aunque lo saben ustedes de sobra— lo que nos dijeron Confucio, Isaías, Jesús, Mahoma, Buda, Spinoza y Shakespeare. Es siempre lo mismo: no podemos escapar de nosotros mismos. El dilema de la humanidad es el mismo de siempre, y no resolvemos nada fundamental envolviéndonos en un manto de esplendor tecnológico.

Hasta el más humilde personaje de dibujos animados lo sabe, de modo que concluiré citando a Pogo, la sabia zarigüeya creada por el dibujante Walt Kelly. Recomiendo sus palabras a todos los utópicos y mesiánicos de la tecnología aquí presentes. «Hemos conocido al enemigo», dijo Pogo, «y somos nosotros».

Por un ateísmo tecnológico

1992

I

Érase una vez una tierra muy lejana, donde el desorden y el miedo asolaban al pueblo. Había armas y cañones por todas partes, los ejércitos mataban por millares y ningún soldado se atrevía a entrar en combate si no iba equipado con las armas de fuego más modernas. Los fabricantes de armas del país eran poderosos, hábiles y ricos, pues no sólo fabricaban armas para su propio pueblo, sino que también las vendían a los extranjeros. Apenas se podía viajar a cualquier rincón de las ciudades o del campo sin ver o escuchar una pistola, razón por la cual los niños dormían intranquilos, con miedo en sus corazones.

Durante casi cien años, esta fue la situación en aquella tierra desamparada. Luego, poco a poco, la gente empezó a preguntarse si no estarían mejor sin armas. Es difícil saber cómo surgió esta idea. Pero se trataba de un pueblo inteligente, con fuertes y antiguas tradiciones y un sentido bien desarrollado de las costumbres civilizadas. Tal vez por eso los soldados anunciaron que en realidad no les gustaban las armas, pues conllevaba poca destreza y ningún honor matar a un hombre con una pistola. Los políticos se vieron obligados a admitir que las armas no eran necesarias para proteger su tierra de una invasión extranjera, ya que sus ejércitos eran numerosos y leales y nunca habían olvidado cómo usar la espada. Además, en realidad nadie había intentado invadir sus tierras desde que se tenía memoria. De modo que todo el mundo se mostraba de acuerdo en que las armas de fuego eran feas, difícilmente comparables a la elegante belleza de una espada bien forjada. Y siendo la espada tan hermosa, poseía un valor que iba mucho más allá de su uso como arma. Era un símbolo de honor, piedad y valor. Y todo el mundo sabía que hubo un tiempo en que las espadas se regalaban a los hombres de gran carácter.

Y así, los políticos, los soldados, los fabricantes y el pueblo llano decidieron que lo mejor era renunciar a las armas de fuego. Esto no ocurrió de golpe, pues la gente nunca está de acuerdo con una cosa al cien por cien. Algunos fabricantes de armas, por ejemplo, no estuvieron contentos hasta que se dieron cuenta de que era más divertido y casi igual de rentable volver a fabricar espadas. Y, por supuesto, había algunos soldados que nunca habían aprendido el arte del manejo de la espada y que se preocupaban por su futuro. Pero, con el tiempo, la gente empezó a desprenderse de sus armas de fuego o a venderlas al gobierno, que estaba encantado de destruirlas. El gobierno llegó incluso a pagar a los fabricantes de armas para que dejaran de producirlas, del mismo modo que los estadounidenses pagan a sus agricultores para que no cultiven alimentos. En poco tiempo, todas las armas habían desaparecido. Las guerras seguían existiendo, por supuesto, porque incluso en una fábula no se pueden eliminar los demonios que hacen que los hombres se enfrenten entre sí. Pero durante doscientos años, el dulce canto del ruiseñor nunca fue ahogado por la réplica del rifle o el rugido del cañón. Y los niños durmieron tranquilos, como lo habían hecho muchos años antes.

II

Empiezo con una fábula porque es el lenguaje tradicionalmente empleado para imaginar algo que todo el mundo sabe que no puede suceder. Pero esta fábula tiene un toque irónico, ya que lo que describe sucedió realmente. Esa tierra lejana es Japón, que en el siglo XVI era líder mundial en la fabricación de arcabuces y cañones, tras haber sido introducido en estas tecnologías por comerciantes europeos. A finales de ese siglo, por las razones que se mencionan en la fábula, los japoneses abandonaron las armas de fuego y volvieron a sus armas tradicionales. No hubo armas de fuego en Japón hasta mediados del siglo XIX. Todo ello está meticulosamente documentado en *Giving Up the Gun: Japan's Reversion to the Sword, 1543-1879* [*Abandonar las armas de fuego: la reversión de Japón a la espada*], de Noel Perrin, que escribió el libro por la mejor de las razones. Quería demostrar que dos de las creencias fundamentales de quienes viven en culturas tecnológicamente avanzadas son, cuando menos, cuestionables: 1) la primera creencia es que bajo ninguna circunstancia se puede dar marcha atrás al reloj tecnológico. 2) La segunda es que la tecnología es autónoma y, por tanto, escapa al control de quienes fabrican las máquinas o las utilizan.

Hay que admitir, por supuesto, que no hay demasiados ejemplos que refuten ninguna de estas dos tesis. El caso de los japoneses y sus armas es uno de ellos. El caso más conocido en el mundo occidental ocurrió en Inglaterra entre 1811 y 1816, curiosamente, no muy lejos de la época en que los japoneses retomaron el uso de las armas de fuego. Me refiero al tan denostado movimiento de los ludditas, la revuelta de los trabajadores contra la intrusión de la maquinaria en la industria textil y de la confección. El origen del término «luddita» es oscuro; algunos creen que se refiere a las acciones de un joven llamado Ludlum que, cuando su padre le dijo que arreglara una máquina de tejer, procedió a destruirla. Puede que fuera el caso, pero lo cierto es que los trabajadores sentían un amargo resentimiento por el hecho de que las máquinas hubieran provocado recortes salariales, fomentado el trabajo infantil y favorecido la eliminación de leyes y costumbres que protegían a los trabajadores cualificados. Su descontento se expresó mediante la destrucción de las máquinas, y desde entonces el término «luddita» ha pasado a significar una oposición casi infantil e ingenua a la tecnología. Por supuesto, los ludditas históricos no eran ni infantiles ni ingenuos. Al igual que los japoneses del siglo XVI, eran personas que trataban desesperadamente de preservar una visión del mundo que les había dado hasta entonces un sentido de reconocimiento y justicia.

Traigo todo esto a colación porque creo que hay algo que aprender de estos ejemplos y de estas personas. No, no espero que se desmantelen todas las armas nucleares, ni que se desconecten los televisores, ni que se desenchufen los ordenadores. Hay una idea más realista, la idea que tenían en mente los japoneses del siglo XVI y los obreros ingleses del siglo XIX, y que me gustaría que se les ocurriera a los estadounidenses del siglo XXI. La idea ha recibido distintos nombres. El crítico Paul Goodman la llamó «modestia tecnológica»: quería decir que debemos cultivar el sentido del conjunto y no ceder a nuestras tecnologías más dominio del que justifican sus funciones particulares. A esto se refería el matemático Norbert Wiener, fundador de la cibernética, cuando hablaba del «uso humano de los seres humanos».

El término que yo propondría para esta idea es «ateísmo tecnológico». Con esta expresión quiero decir que debemos desconfiar de la divinidad de la tecnología. Porque si definimos a Dios, como hizo el filósofo y teólogo Paul Tillich, como aquello que constituye nuestra «preocupación última», entonces la tecnología cumple todos los requisitos para ser el dios de América.

Por tecnología no me refiero únicamente a las máquinas, sino al sistema de creencias que conforman un mundo de pensamiento tecnológico: la creencia de que el objetivo primordial del pensamiento humano es la eficiencia; que el cálculo técnico es en todos los aspectos superior al juicio humano; que lo que no se puede medir no existe; y que los más indicados para guiar y conducir los asuntos de los ciudadanos son los expertos técnicos.

Al igual que una cultura teocrática como Irán se organiza para acomodarse a las exigencias de Alá, Estados Unidos hace exactamente lo mismo en relación a la tecnología. Hay pocas instituciones sociales que no hayan estado dispuestas a modificarse a sí mismas —incluso, en algunos casos, a eliminarse a sí mismas— para acomodarse a tal sistema de pensamiento. Nuestra política, nuestra educación, nuestra vida familiar, nuestro poder judicial e incluso nuestras iglesias han sido ajustadas, rediseñadas y reorientadas para adaptarse a las necesidades de esta nueva religión tecnológica. La teología imperante exige que centremos toda nuestra inteligencia en la cuestión de lo que la tecnología puede hacer, pero casi nada en lo que podría llegar a deshacer.

¿Por qué sucede esto? En una teocracia tradicional la respuesta es: «Hacemos lo que hacemos porque es el camino de Dios. Es su voluntad, y debemos obedecer». La cultura de Estados Unidos da una respuesta sorprendentemente similar: «Es el camino de la tecnología. Es su voluntad, y debemos obedecer». Evidentemente, la gente obedece a sus dioses porque cree que es bueno hacerlo, y no se puede negar que los productos del pensamiento tecnológico han aportado beneficios inimaginables a muchas personas. Pero dado que dichos beneficios han venido acompañados de 1) una ambición incondicional para adquirir poderes divinos sobre la naturaleza; 2) de la suposición de que toda innovación tecnológica es sinónimo de progreso humano; 3) y de la tesis manifiestamente falsa de que el pensamiento tecnológico ofrece la mejor solución a nuestros problemas más profundos, tendemos a convertirnos en fanáticos infantiles, que persiguen falsas esperanzas e ídolos impotentes.

Que esto es un error es lo que nos pueden enseñar los japoneses del siglo XVI y los ludditas ingleses del XIX. Si se me permite parafrasear una sabiduría de otra religión: la tecnología se hizo para el hombre, no el hombre para la tecnología.

III

Las implicaciones que todo esto tiene para la educación resultan bastante obvias (al menos para mí). Lo más importante es que nuestra devoción por la tecnología nos ciega ante la pregunta de para qué sirve la educación. En Estados Unidos, mejoramos la educación de nuestros jóvenes perfeccionando lo que se llaman «tecnologías del aprendizaje». En estos momentos, se considera necesario introducir ordenadores en las aulas, como en su día se creyó necesario introducir películas y programas de televisión. A la pregunta: «¿Por qué hacerlo?», la respuesta es: «Para que el aprendizaje resulte más eficaz e interesante». Esta respuesta se considera totalmente válida, ya que, para los fundamentalistas tecnológicos, la eficacia y el interés no requieren justificación alguna. Por lo tanto, no se suele reparar en que una respuesta semejante no aborda la pregunta: «¿Para qué sirve el aprendizaje?».

«Eficacia e interés» es una respuesta técnica —una respuesta sobre los medios, no sobre los fines— y no ofrece camino alguno hacia una reflexión acerca de la filosofía de la educación. De hecho, cierra el paso a tal reflexión al comenzar con la pregunta de cómo debemos proceder en lugar de con la pregunta de por qué. Probablemente no sea necesario decir que, por definición, no puede haber filosofía de la educación que no aborde para qué sirve el aprendizaje. Confucio, Platón, Quintiliano, Cicerón, Comenio,

Erasmo, Locke, Rousseau, Jefferson, Russell, Montessori, Whitehead, Dewey, todos ellos creían que había alguna idea política, espiritual o social trascendente que debía promoverse a través de la educación. Confucio abogaba por enseñar «el Camino» porque veía en la tradición la mejor esperanza para el orden social. Platón, nuestro primer fascista sistemático, deseaba que la educación produjera reyes filósofos. Cicerón sostenía que la educación debía liberar al estudiante de la tiranía del presente. Jefferson pensaba que el propósito de la educación era enseñar a los jóvenes a proteger sus libertades. Rousseau deseaba que la educación liberara a los jóvenes de las restricciones antinaturales de un orden social perverso y arbitrario. Y entre los objetivos de John Dewey estaba ayudar al estudiante a desenvolverse sin certezas en un mundo de cambios constantes y ambigüedades desconcertantes.

¿Qué tiene que ver la tecnología con la búsqueda de una razón profunda para educar a los jóvenes? Nada. De hecho, si de mí dependiera, prohibiría a los educadores hablar de mejoras tecnológicas si antes no revelan las razones de la educación que quieren ofrecer. Y esas razones se encuentran en lugares donde no habitan las máquinas y donde los dioses de otro orden pronuncian sus palabras.

Los ludditas, la enseñanza y la vida

1993

Ludditas

Creo que no sería descabellado decir que mi papel en las páginas de la revista *Technos*[*] es el de luddita invitado. Si tal es el caso, hay dos cosas que debería saber el lector. La primera es que no considero que mi asociación con los ludditas sea, en modo alguno, motivo de deshonra. Como es bien sabido, el movimiento de los ludditas floreció en Inglaterra entre 1811 y 1816 como respuesta al feroz crecimiento de las máquinas y las fábricas. A pesar de los excesos que mostraron en su celo, los ludditas fueron los únicos que pudieron

* El autor alude aquí a la paradoja de que un crítico de la tecnología escribiera artículos —como este, y el anterior aquí recogido— en la revista de una organización, la Agencia para la Tecnología Educativa, centrada en implementar la tecnología en colegios e institutos.

prever en Inglaterra los catastróficos efectos del sistema fabril, especialmente en los niños. No querían que se privara a sus hijos de la educación —de hecho, de la infancia misma— con el fin de utilizarlos para alimentar las máquinas de la industria. Como dijo William Blake, no querían que sus hijos trabajaran en los «oscuras fábricas satánicas».

Es cierto que los ludditas destrozaron algunas máquinas textiles de las que procede su desdichada reputación, pero, ¿cuándo se decidió que había que burlarse o despreciar a las personas que intentan preservar su modo de vida y proteger a sus hijos?

Lo segundo que deben saber los lectores es que, a pesar del respeto que les tengo, no me considero en absoluto un luddita. No albergo, por ejemplo, ninguna hostilidad hacia las nuevas tecnologías ni, desde luego, ningún deseo de destruirlas, ni siquiera aquellas tecnologías, como los ordenadores, que han cautivado la imaginación de los educadores. Pero, evidentemente, tampoco me entusiasman. Me resultan indiferentes. Y la razón por la que me resultan indiferentes es que, en mi opinión, no tienen nada que ver con los problemas fundamentales que tenemos que resolver en la escolarización de nuestros jóvenes. En verdad, si albergo alguna hostilidad hacia estas máquinas, es sólo porque son distracciones. Desvían la inteligencia y la energía de personas con talento para impedirles abordar los problemas que con más urgencia necesitamos afrontar.

Permítanme, pues, que empiece a exponer mis argumentos relatándoles la conversación que mantuve con un vendedor de coches que intentaba que me comprara un Honda Accord nuevo. Me dijo que el coche estaba equipado con control de crucero, por el que había que pagar un suplemento. Como es mi costumbre cuando pienso en el valor de una tecnología, le pregunté: «¿Qué problema pretende solucionar el control de crucero?». Mi pregunta lo dejó perplejo, pero logró recobrar suficiente ánimo como para responder: «El problema de mantener el pie en el acelerador». Le dije que llevaba treinta y cinco años conduciendo y que nunca había encontrado ese problema. Entonces me habló de los elevalunas eléctricos. «¿Qué problema solucionan los elevalunas eléctricos?». Esta vez le pillé preparado, y con una sonrisa confiada, replicó: «No tendrá que subir ni bajar las ventanillas con el brazo». Le respondí que eso tampoco me había supuesto nunca un problema, y que de hecho valoraba positivamente el pequeño ejercicio al subir y bajarlas.

Ni que decir tiene que acabé llevándome el coche, porque no se puede comprar un Honda Accord sin control de crucero y elevalunas eléctricos. Y es que, contrariamente a lo que se suele pensar, las nuevas tecnologías no *aumentan* las opciones de la gente, sino todo lo contrario. A efectos prácticos, ya no se puede ir a Europa en barco, que yo considero una forma muy civilizada y emocionante de viajar; ahora hay que tomar un avión. No se puede trabajar en un periódico a menos que utilices un procesador de textos, lo que me deja a mí fuera, dado que escribo con bolígrafo y bloc de notas y es algo que no quiero cambiar. Ya no se pueden comprar vinilos; hay que utilizar CD.

Podría seguir dando miles de ejemplos que demuestran que las nuevas tecnologías expulsan del mercado a las viejas, es decir, que la tecnología tiene un carácter imperialista, una fuerte tendencia a hacer que todo el mundo se adapte a las exigencias de lo nuevo. Ahora bien, aunque esto no siempre es malo, muchas veces es muy malo. Lo digo para recalcar el hecho de que lo que con demasiada facilidad llamamos «progreso» es siempre problemático. Se trata de una palabra que invocamos con mucha facilidad, pero en cuanto examinamos todo lo que significa, descubrimos que la tecnología conlleva siempre un pacto fáustico: la tecnología da y quita. Y si no hubiera tantos vítores sobre, pongamos por caso, el uso de los ordenadores en las aulas, podríamos realizar un análisis más sobrio sobre cuál es el precio a pagar, a nivel social e intelectual, ayudándonos a comprender mucho mejor en qué nos estamos metiendo.

Mi anécdota con el Honda arroja luz sobre una segunda cuestión, a saber: que las nuevas tecnologías no siempre resuelven problemas importantes, y que en ocasiones no resuelven ningún problema. Pero como las tecnologías *están ahí*, a menudo inventamos problemas para justificar su uso. O a veces incluso fingimos estar resolviendo un problema cuando, en realidad, la razón para crear y usar una nueva tecnología es completamente distinta. Se me ocurren a este respecto dos ejemplos muy caros. El primero se refiere a la construcción del supercolisionador superconductor en Texas. Lo justificó nada menos que Stephen Hawking, quien afirmó que las investigaciones que posibilitaría el supercolisionador nos darían entrada a la mente de Dios. Pero dado que Hawking es un ateo declarado, es imposible que creyera tal cosa, e incluso de no ser ateo, sería igualmente improbable que lo creyera. Se trataba en todo caso de un acto de relaciones públicas. Un país cristiano probablemente creería en el proyecto (aunque el congreso estadounidense, tras una inversión de 2000 millones de dólares, dejó de creer en él), ya que para la mayoría de nosotros los caminos del Señor han sido siempre muy problemáticos. Todo esto no significa que no existan algunos problemas interesantes en cosmología que el supercolisionador podría haber resuelto. Pero como los individuos que habrían tenido que pagar la construcción de esta máquina no tenían ninguna formación ni interés en estos problemas, lo mejor era hablar de la mente de Dios.

El segundo ejemplo es la «superautopista de la información» que el presidente Clinton y sobre todo el vicepresidente Al Gore promueven con tanto ardor. Todavía no he escuchado una respuesta satisfactoria a la pregunta: «¿Cuál es el problema para el que esta inversión de 50.000 millones de dólares es la solución?». Sospecho que una respuesta honesta sería algo así: «No soluciona *ningún* problema social o intelectual, pero podemos estimular la economía invirtiendo en nuevas tecnologías». No es en absoluto una mala respuesta, pero no es la que ha dado el vicepresidente. Trata de vender la idea afirmando que resuelve el problema de dar a más gente un acceso más rápido a más información, incluso proporcionándoles quinientos canales de televisión (o incluso mil).

La enseñanza

Esto me lleva directamente a la cuestión de la enseñanza y la tecnología. Al leer el libro de Lewis Perelman *Adiós a la escuela. Hiperaprendizaje, las nuevas tecnologías y el fin de la educación*, así como el trabajo de quienes se apasionan por el valor educativo de las nuevas tecnologías, encuentro que su entusiasmo se centra casi por completo en el hecho de que estas tecnologías darán a nuestros estudiantes un mayor acceso a más información, de forma más rápida, cómoda y variada de lo que nunca antes había sido posible. Esa es su respuesta a la pregunta «¿Cuál es el problema para el que las nuevas tecnologías son la solución?». Yo modificaría la pregunta, planteándola del siguiente modo: «¿Cuál es el problema del siglo XIX para el que estas tecnologías son una solución irrelevante?». Al plantearlo así quiero recalcar que el problema de cómo hacer llegar información a la gente de manera rápida y por distintos medios fue el principal impulso de la tecnología en el siglo

XIX, a partir de la invención de la telegrafía y la fotografía en la década de 1840. No cabe sino constatar que este problema fue resuelto, y que, por lo tanto, no sería esta una tarea de la que nos tendríamos que ocupar, ni que mucho menos exaltara nuestros ánimos. Si alguien argumenta que la tecnología puede proporcionar acceso a más información fuera de las aulas que dentro de ellas, yo diría que eso viene siendo así desde hace prácticamente cien años. ¿Dónde está la novedad?

Dicho de otro modo, la función informativa de las escuelas quedó obsoleta hace mucho tiempo. Por alguna razón, no pocos tecnófilos (como Perelman) acaban de darse cuenta de ello y, en algunos casos, se muestran partidarios de eliminar por completo nuestras escuelas. Considero que se equivocan, porque su noción de para qué sirve la educación es bastante limitada. Los colegios e institutos no se dedican ahora a transmitir información a los alumnos, y de hecho nunca ha sido su *principal* cometido. Es algo que ha formado parte de las agendas de las escuelas, por supuesto, pero nunca ha ocupado un lugar preeminente.

Una de las principales funciones de la educación es enseñar a los alumnos a comportarse en grupo. La razón de ello es que no se puede tener una vida comunitaria democrática, es más, civilizada, a menos que las personas hayan aprendido a participar disciplinadamente como parte de un grupo. La escuela nunca ha consistido en un aprendizaje individualizado: siempre se ha tratado de cómo aprender y comportarse como parte de una comunidad. Y, por supuesto, una de las formas de hacerlo es mediante la comunicación de lo que se conoce como valores sociales. Si leemos el primer capítulo del libro de Robert Fulghum *Todo lo que necesitaba saber lo aprendí en la guardería*, encontraremos un elegante resumen de la importancia de la escuela. El resumen incluye lo siguiente: comparte, no hagas trampas, no pegues a nadie, deja las cosas donde las encontraste, limpia lo que ensucies, lávate las manos antes de comer y, por supuesto, tira de la cadena. Lo único malo del libro de Fulghum es que nadie ha aprendido todas estas cosas al terminar el parvulario. Tenemos sobradas pruebas de que hacen falta muchos años de enseñanza de estos valores en la escuela antes de que hayan sido aceptados e interiorizados. Algunos dirán que esta función de la escuela es la tarea más difícil que deben cumplir los educadores. Si no lo es, sin duda sí lo es la función de proporcionar a los jóvenes narrativas que les ayuden a encontrar un propósito y un sentido a la vida y al aprendizaje.

Por narrativa entiendo un relato de la historia humana que dé sentido al pasado, explique el presente y oriente el futuro. Si existe un problema que aqueja a la educación estadounidense en estos momentos, es que nuestros hijos ya no creen, como antes, en algunas de las poderosas y estimulantes narrativas que constituían el fundamento de la empresa educativa. Me refiero a la historia de nuestros orígenes, en la que Estados Unidos surge de una revolución, no como un mero experimento de gobierno: la historia de Estados Unidos como luz moral para el mundo. Otra gran narrativa nos habla de Estados Unidos como un crisol donde las masas, procedentes de cualquier lugar y deseosas de ser libres, pueden encontrar paz y sustento. Otro relato —a veces denominado la Ética Protestante— habla de cómo el trabajo duro es uno de los caminos hacia una vida plena. Hay muchas otras narrativas en las que se ha basado toda la empresa educativa en este país. Si los profesores, los niños y sus padres dejan de creer en estos relatos, las escuelas se convierten en centros de detención, en lugar de centros de atención.

La vida

Lo que quiero decir es que los grandes problemas de la educación son de naturaleza social y moral, y no tienen nada que ver con las deslumbrantes nuevas tecnologías. De hecho, las nuevas tecnologías que tanto se pregonan en *Technos* y en otros foros no son en sí mismas una solución a nada, sino más bien un problema que hay que resolver. El hecho es que nuestros hijos, como el resto de nosotros, sufren ahora un exceso de información, no una escasez de información. En Estados Unidos hay 260.000 vallas publicitarias, 17.000 periódicos, 12.000 revistas, 27.000 puntos de alquiler de cintas de vídeo, 400 millones de televisores y más de 400 millones de radios, sin contar las de los coches. Cada año se publican 40.000 nuevos títulos de libros y cada día se hacen en Estados Unidos 41 millones de fotografías. Y, para que conste, gracias al ordenador cada año llegan a nuestros buzones más de 60.000 millones de correos publicitarios basura.

Desde la telegrafía y la fotografía en el siglo XIX hasta el chip de silicio en el XX, todo ha contribuido a amplificar el estruendo de la información. A través de millones de fuentes de todo el mundo, a través de todos los canales y medios posibles —ondas lumínicas, ondas aéreas, cintas de teletipo, bancos informáticos, hilos telefónicos, cables de televisión, satélites e imprentas— la información llega a raudales. Tras ella, en todas las formas imaginables de almacenamiento —en papel, en cintas de vídeo y audio, en discos, películas y chips de silicio— hay un volumen aún mayor de información esperando a ser recuperada. La información se ha convertido en una forma de basura. Llega de forma indiscriminada, sin que se dirija a nadie en particular, desconectada de su utilidad. Estamos anegados en información, no la controlamos y no sabemos qué hacer con ella. Y ante todo esto, hay quien cree que ha llegado el momento de abandonar las escuelas.

Pues bien, si alguien se pregunta si las escuelas del futuro tienen alguna utilidad, aquí dejaré una reflexión al respecto. El papel de la escuela es ayudar a los estudiantes a aprender a ignorar y descartar la información para que logren alcanzar un sentido de coherencia en sus vidas; ayudar a los estudiantes a cultivar un sentido de la responsabilidad social; ayudar a los estudiantes a pensar de forma crítica, histórica y humana; ayudar a los estudiantes a comprender las formas en que la tecnología moldea su conciencia; ayudar a los estudiantes a aprender que sus propias necesidades a veces están subordinadas a las necesidades del grupo.

Podría seguir muchas páginas más en esta línea, sin hacer ninguna referencia a cómo las máquinas pueden proporcionar a los alumnos acceso a la información. En su lugar, permítanme resumir de dos maneras lo que quiero decir. En primer lugar, citaré un comentario que suele repetir mi amigo Alan Kay, a quien a veces se le llama «el padre del ordenador personal». A Alan Kay le gusta insistir en que todo problema que la escuela no puede resolver sin máquinas, tampoco podrá resolverlo con ellas. En segundo lugar, y con esto acabo: si en algún lugar del mundo se produce un holocausto nuclear, no ocurrirá por falta de información; si los niños se mueren de hambre en Somalia, no es por falta de información; si la delincuencia asola nuestras ciudades, los matrimonios se rompen, los trastornos mentales aumentan y los niños sufren abusos, nada de esto ocurre por falta de información. Estas cosas ocurren porque nos falta algo más. Ese «algo más» es de lo que deben ocuparse las escuelas.

Seis preguntas para defendernos de la tecnología

1997

El título de mi intervención es «Defendernos de la tecnología», y el tema de estas conferencias es «Formular las preguntas adecuadas». Así pues, lo que pretendo es plantear seis preguntas sobre la tecnología, cuyas respuestas pueden ayudar a comprender cómo se cuela la tecnología en una cultura. Por supuesto, las respuestas son importantes, aunque variarán según quien las responda, pero las preguntas son más importantes. Las respuestas cambian con el tiempo y en diferentes circunstancias, incluso para una misma persona. Las preguntas perduran, y por eso las considero como una especie de armamento permanente con el que nosotros y nuestros estudiantes podemos protegernos contra el avasallamiento de la tecnología.

De esta última observación puede deducirse que considero que la educación, en general, es en gran medida un temprano sistema de defensa y de alerta contra una cultura que considera cada vez más a los ciudadanos —incluso a sus ciudadanos más jóvenes— como consumidores y poco más. No pretendo, por supuesto, que estas preguntas constituyan la totalidad de lo que podríamos llamar educación tecnológica, sino únicamente que resultan de utilidad y deberían formar parte de cualquier plan de estudios que pretenda ser serio a la hora de ayudar a nuestros jóvenes a entender la tecnología.

Ahora, antes de presentar las preguntas, tengo que hacer dos puntualizaciones, una de las cuales, espero, aclarará lo que voy a decir, y la otra, por qué lo digo. La primera es que hago una distinción entre tecnología y medio. En mi opinión, una tecnología es a un medio lo que el cerebro es a la mente. Como el cerebro, una tecnología es un aparato físico. Como la mente, un medio es un uso que se da a un aparato físico. Una tecnología se convierte en un medio cuando se le da un lugar en un entorno social concreto, cuando se insinúa en contextos políticos y económicos. En otras palabras, una tecnología no es más que una máquina. Un medio es una creación social.

Creo que es útil hacer esta distinción, porque si la tenemos presente podremos comprender mejor que la forma en que una cultura concreta utiliza una tecnología no es necesariamente la única forma en que podría utilizarse.

Por ejemplo, si los estadounidenses intentan responder a la pregunta: «¿Qué es la televisión?», debemos entender que no estamos hablando de la televisión como tecnología, sino de la televisión como medio. Hay muchos lugares en el mundo donde la televisión, aunque sea la misma tecnología que en Estados Unidos, es un medio totalmente distinto del que conocen los estadounidenses. Me refiero a lugares donde la mayoría de la gente no tiene televisión, o donde sólo hay un canal, o donde la televisión no funciona las veinticuatro horas del día, o donde la mayoría de los programas tienen como objetivo promover directamente la política del gobierno, o donde no se ven anuncios. En esos lugares, la televisión no tendrá el mismo significado ni el mismo poder que en Estados Unidos; es decir, es posible que una tecnología se utilice de forma que sus consecuencias sociales, económicas y políticas sean muy diferentes de una cultura a otra.

Naturalmente, tal y como sucede con el cerebro, cada tecnología tiene un sesgo inherente, con limitaciones y posibilidades técnicas que le son singulares. Eso equivale a decir que cada tecnología lleva incluida en su forma física una predisposición a ser utilizada de ciertas formas y no de otras, y únicamente quienes no saben nada sobre la historia de la tecnología creen que ésta es totalmente adaptable o neutral. De hecho, se cuenta un viejo chiste que se burla de esa creencia ingenua; según el chiste, Thomas Edison habría revelado su descubrimiento de la luz eléctrica mucho antes de lo que lo hizo, de no haber sido porque cada vez que la encendía se la llevaba a la boca y decía: «¿Diga? ¿Diga?». No puedes utilizar la luz eléctrica para hablar con tu madre en Pittsburgh y no puedes utilizar un teléfono para iluminar la página de un libro. Cada tecnología tiene una agenda que le es propia y nos da «instrucciones», por así decirlo, acerca de cómo cumplir con su propio destino técnico. Debemos comprender este hecho, y sobre todo no tenemos que subestimarlo, pero tampoco podemos dejarnos tiranizar por él, como nos enseñó Jacques Ellul. No siempre hay que ir exactamente en la dirección que nos indica una tecnología. Tenemos obligaciones contraídas con nosotros mismos que pueden desbancar a las obligaciones hacia cualquier tecnología.

Veamos ahora mi propia actitud respecto de la tecnología. Debo deciros que no tengo correo electrónico, ni contestador automático ni tampoco teléfono móvil. No utilizo procesador de textos. Escribo mis libros con bolígrafo en cuadernos de papel amarillo, no siento interés alguno por internet y no considero a Bill Gates un genio. Tengo buenas razones para cada una de estas deficiencias y, si les interesa, estaré encantado de explicárselas cuando termine. No obstante, debido a ellas, tengo fama de ser contrario a la tecnología, de hecho, de ser una especie de neoluddita. Quienes me ponen esa etiqueta por lo general saben entre poco y nada sobre los ludditas; si no fuera el caso, no emplearían el término a menos que quisieran hacerme un cumplido.

En todo caso, les diré que considero una estupidez estar en contra de la tecnología. Sería algo así como estar en contra de la comida. Necesitamos la tecnología para vivir, del mismo modo que necesitamos la comida aunque, claro está, si comemos demasiado o tomamos alimentos que no tienen valor nutritivo o alimentos infectados con una enfermedad, convertimos un medio de supervivencia en lo contrario, y lo mismo cabría decir de las formas en que utilizamos la tecnología. Se la puede utilizar para intensificar la vida, y también para disminuir la vida. En cualquier caso, no tiene sentido ser categóricamente contrario a la tecnología, pero sin duda es razonable mantener una actitud profundamente recelosa ante ella, pues resulta bastante evidente que las tecnologías y los medios en que se transforman pueden tener efectos muy graves sobre nuestras formas de vida, nuestros valores, instituciones sociales y hábitos mentales. Por lo tanto, considero que sólo un necio daría alegremente la bienvenida a cualquier tecnología, sin haber reflexionado seriamente no sólo en lo que esa tecnología hará, sino también en lo que deshará.

Y como prólogo e introducción, ya basta. Veamos ahora cuáles son mis preguntas.

¿Qué problema soluciona una nueva tecnología?

Esta primera pregunta hay que abordarla cada vez que alguien nos habla de una nueva tecnología (ya sea la televisión interactiva, la realidad virtual, internet, o lo que sea).

La pregunta es: ¿Cuál es el problema para el que esta tecnología supone una solución? Y tenemos que hacernos esta pregunta porque hay tecnologías que no son soluciones para ningún problema que una persona normal consideraría importante. A pesar de que el exvicepresidente de Estados Unidos, Al Gore, sea, ciertamente, una persona normal, soy escéptico en cuanto a las razones que dio para que el país gastara miles de millones de dólares para crear y desarrollar una superautopista de la información. Gore ha dicho que la autopista nos proporcionará, a cada uno de nosotros, acceso a quinientos o quizá incluso mil canales de televisión. De modo que me veo obligado a preguntar si ese es un problema que a la mayoría de nosotros nos gustaría ver resuelto, o incluso si necesitamos resolverlo. ¿Nos parece insuficiente tener acceso a cuarenta o cincuenta canales, como sucede en la mayoría de hogares estadounidenses? ¿No podemos llevar una vida plenamente satisfactoria a menos que podamos elegir entre mil canales de televisión? ¿Cuál es exactamente el problema a resolver aquí? Sea cual fuere, tenemos derecho a preguntar, e incluso a ser escépticos.

Esta clase de escepticismo se reveló muy útil en relación a una cuestión planteada hace algunos años, acerca de si el gobierno de Estados Unidos debía costear la construcción de un avión supersónico. Los británicos y los franceses ya habían construido el Concorde, y en el Congreso y en otras partes se entabló un debate muy serio acerca de si nosotros debíamos tener nuestro propio avión supersónico. De modo que se planteó la pregunta: «¿Cuál es el problema para el que el avión supersónico sería la solución?». Resultó que la respuesta era, más o menos, la siguiente: en un Boeing 747 se necesitan seis horas para ir de Nueva York a Londres, mientras que en un avión supersónico se tardaría sólo tres horas. Me alegra decir que a la mayoría de estadounidenses no les pareció un problema lo bastante serio como para justificar tamaña inversión. Además, hubo quien preguntó: «¿Y qué haríamos con las tres horas que nos ahorrásemos?». Y la respuesta fue: «Probablemente nos dedicaríamos a ver la tele». De modo que se propuso poner pantallas de televisión en los Boeing 747, y con ello nos hemos ahorrado miles de millones de dólares.

¿De quién es el problema?

Después de contestar a la pregunta: «¿Cuál es el problema para el que esta tecnología supone una solución?», cabe inquirir: «¿De quién es el problema?». En el caso del avión supersónico, el problema de poder llegar a Londres más rápido que con un Boeing 747 podía ser, en buena medida, un problema para las estrellas de cine, los músicos de rock y los ejecutivos de las grandes empresas. Pero difícilmente lo sería para la mayoría de estadounidenses, a quienes no les pareció que mereciese la pena solucionar algo que les iba a costar tanto dinero. Pero esta pregunta, «¿De quién es el problema?», necesita ser planteada ante cualquier tecnología. La mayoría de tecnologías soluciona algún problema, pero quizá se trate de un problema que no afecte a todo el mundo, o ni siquiera a la mayoría de la gente. Debemos mostrar mucha prudencia a la hora de determinar quién se beneficiará de una tecnología y quién pagará por ella. No siempre son las mismas personas.

¿Qué nuevos problemas se crean al solucionar uno viejo?

Pero supongamos que hemos encontrado una solución tecnológica para un problema que afecta a la mayoría de la gente. Se nos plantea entonces la tercera pregunta: «Pongamos que solucionamos este problema y lo hacemos de una forma contundente. ¿Qué nuevos problemas se crearán por haber solucionado uno viejo?». El coche soluciona ciertos problemas de importancia para la mayoría de la gente, pero al hacerlo ha contaminado el aire, ha ahogado nuestras ciudades en tráfico y ha contribuido a la destrucción de la belleza de nuestro paisaje natural. Los antibióticos han solucionado, sin duda, algunos problemas importantes para casi todo el mundo, pero han tenido como resultado el debilitamiento de nuestro sistema inmunológico. En Estados Unidos, la televisión ha solucionado varios problemas importantes, pero también ha cambiado la naturaleza del discurso político, ha llevado a un grave descenso de la alfabetización y hasta ha dificultado, si no vuelto imposible, el tradicional proceso de socialización de los niños.

Resulta poco probable que podamos encontrar una sola tecnología importante que no haya generado nuevos problemas como resultado de haber solucionado otro viejo. Naturalmente, a veces resulta muy difícil saber qué nuevos problemas surgirán como resultado de una solución tecnológica. Los monjes benedictinos inventaron el reloj mecánico en el siglo XIII con el propósito de ser más precisos en el cumplimiento de sus oraciones canónicas, que necesitaban hacer siete veces al día. De haber sabido que el reloj mecánico acabaría siendo utilizado por los comerciantes como un medio de establecer un día laboral estandarizado y luego un producto estandarizado (es decir, que el reloj se utilizaría como un instrumento para ganar dinero, en lugar de para servir a Dios), podrían haber decidido que ya tenían más que suficiente con sus relojes de sol y sus clepsidras de agua. Si Gutenberg hubiera previsto que su imprenta de tipos móviles conduciría a la descomposición del Sacro Imperio Romano, seguramente habría reservado su vieja prensa para hacer vino y no libros.

En el siglo XIII quizá no importaba demasiado que a la gente le faltara visión tecnológica. Quizá ni siquiera importaba demasiado en el siglo XV. Pero en una sociedad tecnológica como la nuestra, ya no podemos permitirnos avanzar hacia el futuro con los ojos obstinadamente cerrados. Necesitamos especular, con los ojos bien abiertos, acerca de las posibilidades negativas que puedan aflorar. Pero, como he explicado, no resulta sencillo saber qué clase de problemas generará una nueva tecnología. Para poder aportar respuestas responsables se necesita un conocimiento de la historia de la tecnología, de los efectos sociales de la tecnología, de los principios que gobiernan el cambio tecnológico y, por supuesto, de las distintas maneras en que las tecnologías se transforman en medios; en otras palabras, se necesita la clase de conocimiento que no posee la mayoría de la gente y que nuestra cultura, incluida nuestra cultura empresarial, no muestra el menor interés en adquirir. Pero si la educación sobre los medios significa algo, significa tratar de educar a nuestros jóvenes para que reflexionen con conocimiento de causa sobre los posibles costes del cambio tecnológico.

¿Quién podría resultar dañado por una solución tecnológica?

Pero no basta con reflexionar de forma general sobre los posibles costes de una tecnología. Para centrar un poco nuestras observaciones, debemos plantear una cuarta pregunta: «¿Qué personas y qué instituciones podrían verse seriamente dañadas por una solución tecnológica?». Esta fue la pregunta que dio lugar al movimiento luddita en Inglaterra durante los años de 1811 a 1816. Los individuos a quienes llamamos *ludditas* eran obreros manuales cualificados de la industria textil en la época en que la mecanización empezaba a tomar el mando y en que se estaba creando el sistema fabril. Los ludditas conocían perfectamente qué ventajas supondría la mecanización para la mayoría de la gente, pero también se dieron cuenta, con igual claridad, de cómo arruinaría su propio estilo de vida y, especialmente, el de sus hijos, que estaban siendo empleados prácticamente como trabajadores esclavos en las minas y en las fábricas. Se resistieron al cambio tecnológico mediante el simple y desesperado recurso de hacer añicos la maquinaria industrial, algo que siguieron haciendo hasta que fueron detenidos o asesinados por el ejército británico.

Nadie sabe exactamente de dónde procede la palabra «luddita», pero ha terminado por referirse a una persona que se resiste de cualquier modo al cambio tecnológico, y suele utilizarse como un insulto. El por qué esto es así me parece un tanto enigmático, ya que sólo un necio desconoce que las nuevas tecnologías siempre producen ganadores y perdedores, y que no hay nada de irracional en la resistencia de los perdedores.

Bill Gates, al que todos consideran como un ganador, sabe muy bien lo que supone ganar y perder, porque no es ningún estúpido y su propaganda da a entender continuamente que la tecnología del ordenador no puede causar daño a nadie. Así es como piensan los ganadores; lo que pretenden es que los perdedores se sientan agradecidos y entusiasmados y, especialmente, que no tomen conciencia de que son perdedores. Tomemos a los maestros de escuela como un ejemplo de perdedores a los que se induce a creer que son ganadores. Resulta a todas luces evidente que necesitamos más maestros y que tendríamos que pagar mejor a los que tenemos. No obstante, las autoridades escolares se resisten a contratar a más maestros y a pagarles más, y se quejan continuamente de la escasez de fondos. Pero lo cierto es que las autoridades escolares se preparan ahora para gastar miles de millones de dólares para poner internet en las escuelas y dar cabida a la tecnología de los ordenadores, y ello por razones que no están del todo claras. Ni que decir tiene que no existe ninguna prueba convincente de que los ordenadores u otra variante de tecnología informática puedan hacer por los niños lo que sí pueden hacer buenos maestros, que estén bien pagados y que no se hallen sobrecargados de trabajo. Tampoco existe prueba alguna que demuestre que los niños que tienen internet en las aulas estudien o aprendan mejor que sin internet. Entonces, ¿por qué no protestan los maestros? En este asunto son los perdedores, y perdedores graves.

Por ejemplo, *The Washington Post* informaba hace no mucho que el estado de Maryland tenía la intención de proporcionar acceso a internet en cada una de sus 1.262 escuelas públicas, con un coste de 53 millones de dólares. Parris Glendening, gobernador de Maryland, explicaba que eso proporcionaría a todos los estudiantes acceso a cantidades mucho más vastas de información gracias a los ordenadores. A pesar de que los resultados de distintos estudios sobre el uso de los ordenadores en las escuelas han sido ambiguos, se tenía la intención de dotar a cada escuela de por lo menos dos ordenadores con conexión a internet al final del primer año del programa, y por lo menos de tres a cuatro ordenadores conectados al cabo de cinco años.

El gobernador afirma que se trata de una «iniciativa grande y atrevida», y esperaba que las empresas privadas donaran decenas de millones de dólares adicionales, de modo que el gasto total se acercase a los cien millones de dólares. Su justificación para todo eso fue la siguiente: «El acceso a la información es el primer paso y el más vital para comprender y, en último término, para mejorar, el mundo en que vivimos». Dejemos a un lado el hecho de que, en el mejor de los casos, se trata de una afirmación cuanto menos problemática y, en el peor de los casos, un disparate. Yo me limitaría a recordar la observación hecha por Henry David Thoreau: «Todos nuestros inventos no son sino medios mejorados para fines no mejorados». Dejemos también aparte el hecho de que aun cuando la afirmación del gobernador fuera cierta, los estudiantes estadounidenses ya disponen de una superabundancia de fuentes de información y no necesitan de una inversión multimillonaria para ser ciudadanos bien informados.

Dejando todo eso aparte, ¿no estaríamos de acuerdo en que las siguientes declaraciones —inventadas— constituirían una noticia mucho más lógica y feliz tanto para maestros como para alumnos?: «El estado de Maryland se ha comprometido a destinar cien millones de dólares a aumentar el número de sus maestros y profesores, a pagar salarios más altos y a reducir la carga de trabajo. El gobernador Glendening ha afirmado que "se trata de un paso fundamental para garantizar que nuestros estudiantes dispongan de un ambiente educativo más creativo, atento y completo"». Yo diría que la mayoría de maestros apoyarían esa clase de inversión, a pesar de lo cual no les oímos decir nada en tal sentido. De hecho, a muchos de ellos parece encantarles la idea de que las autoridades escolares gasten millones de dólares en ordenadores. Bill Gates adora esa clase de estupidez.

¿Se gana o se pierde en los cambios producidos por las nuevas tecnologías?

He aquí la quinta pregunta: «¿Qué cambios en el lenguaje están siendo impuestos por las nuevas tecnologías y qué se gana y se pierde con tales cambios?». Estoy seguro de que la mayoría de nosotros estará de acuerdo en que el lenguaje seguirá siendo nuestro medio más indispensable, con independencia de los nuevos medios de comunicación que surjan en nuestras vidas, y que toda aparición de un nuevo significado o toda pérdida de uno antiguo constituyen una cuestión muy seria. Piénsese, por ejemplo, en cómo emplean ahora las palabras «comunidad» y «conversación» quienes utilizan internet. O piénsese en cómo la televisión ha cambiado el significado de la expresión «debate político», de la palabra «público» o del término «democracia participativa».

Hace no mucho, Lawrence Grossman escribió un libro llamado *La república electrónica* en el que argumentaba que las nuevas tecnologías dejarán obsoleta la democracia representativa porque permitirán realizar plebiscitos instantáneos sobre cada tema que se plantee. De este modo, los votantes estadounidenses decidirán directamente si debemos participar en un acuerdo económico internacional, enviar tropas a Bosnia o destituir a nuestro presidente. El Senado y la Cámara de Representantes acabarían siendo casi innecesarios. Eso, según Grossman, sería democracia participativa tal como la había en la Atenas del siglo V a. de C.

Bien, yo no me opongo a tomar prestada una expresión de un ambiente tecnológico más antiguo para tratar de conceptualizar un nuevo desarrollo. Es algo que hacemos continuamente, pero tiene sus riesgos y, al hacerlo, tenemos que prestar mucha atención. Llamar a un tren «caballo de hierro», como se hizo en algún momento, quizá sea pintoresco pero impide ver con claridad las importantes diferencias entre un tren y un carruaje tirado por caballos. De modo similar, emplear la expresión «asamblea electrónica del ayuntamiento» impide ver las diferencias entre una asamblea presencial entre ciudadanos del siglo XVIII y un pseudoacontecimiento orquestado y televisado.

Emplear la expresión «aprendizaje a distancia» para referirse a los estudiantes y a un profesor que se envían correos electrónicos quizá tenga algún valor, pero oscurece el hecho de que la lectura activa de un libro es el mejor ejemplo posible de aprendizaje a distancia, ya que la lectura no sólo triunfa sobre las limitaciones del espacio y de la presencia compartida, sino también del tiempo. En cuanto a la democracia participativa, tendríamos muchas dificultades para encontrar cualquier similitud entre la política tal y como la practicaban 5.000 varones atenienses, todos iguales, bien educados y dueños de esclavos, y 250 millones de estadounidenses haciendo plebiscitos cada semana; resulta peligroso permitir que el lenguaje nos induzca a creer lo contrario.

Considero que en este contexto adquiere un particular interés el efecto que tiene la tecnología sobre palabras tan esenciales como «verdad», «ley», «inteligencia» y «hecho». Pero para poder captar esos cambios es necesario estudiar la historia y saber, por ejemplo, cómo la escritura ha cambiado el significado de «verdad» y «ley», o cómo alteró la imprenta el significado de «inteligencia». (Y, a este propósito, no quiero decir que debamos resistirnos al cambio en el lenguaje, sino únicamente que debemos ser conscientes de cómo ocurre y por qué, y qué clase de actitudes promueve el cambio en el lenguaje).

¿Quién adquiere poder gracias al cambio tecnológico?

Y aquí viene la sexta y última pregunta. Está relacionada con algunas de las anteriores, pero le concedo un estatus especial debido a su importancia: «¿Qué clase de personas y de instituciones adquieren poder político y económico gracias al cambio tecnológico?». Es necesario plantearse esta pregunta porque la transformación de una tecnología en un medio siempre tiene como resultado un reajustamiento del poder económico y político. No quiero decirlo como una crítica contra nadie, sino simplemente como un hecho. Un nuevo medio crea nuevos trabajos y deja obsoletos otros antiguos. Un nuevo medio realza ciertas clases de habilidades y subordina otras.

Ronald Reagan, por ejemplo, no habría podido ser presidente de no haber sido por la televisión. Es un hombre que raras veces hablaba con precisión y que nunca lo hacía con elocuencia, a pesar de lo cual se le llegó a llamar el «gran comunicador». ¿Por qué? Porque en la televisión resultaba mágico. Su imagen televisada proyectaba una sensación de autenticidad, tradición, intimidad y bondad y no importaba que los ciudadanos estuvieran de acuerdo o no con lo que decía, o incluso que lo comprendieran. La televisión da poder a algunos y resta poder a otros. Y lo mismo cabe decir de cualquier medio importante. Este hecho siempre ha sido entendido por empresarios inteligentes que ven el surgimiento de oportunidades a partir de la creación de nuevos medios. Les interesa obtener el máximo beneficio de los nuevos medios de comunicación y no se detienen a pensar mucho en los efectos culturales a gran escala que puedan desencadenar.

Añadiré que, en ocasiones, los empresarios de los medios de comunicación mienten a la población acerca de dichos efectos culturales, con la intención de infundir tranquilidad. Se nos ha dicho, por ejemplo, que la tecnología informática es buena para el medioambiente porque se necesitará menos papel y, en consecuencia, se talarán menos árboles; lo que ocurre, claro está, es precisamente lo contrario: la tecnología informática ha tenido como resultado que utilicemos más papel que nunca. Tomemos otro ejemplo: los empresarios de los medios de comunicación le dicen a la población que, a largo plazo, los ordenadores aumentarán el número de puestos de trabajo, pero eso es una estupidez y me deja estupefacto que haya quien se lo crea. Lo cierto es que los ordenadores hacen lo mismo que las personas, y de modo más rápido y barato.

Pero, sea como fuere, la verdad es que, en Estados Unidos, nuestros mayores radicales han sido los innovadores tecnológicos —Morse, Bell, Edison, Sarnoff, Disney— y que fueron ellos quienes crearon el siglo XX, del mismo modo que Bill Gates y otros están creando el siglo XXI. No sé si se puede hacer gran cosa para moderar los cambios culturales que nos impondrán los empresarios de los medios de comunicación, pero los ciudadanos al menos deberían saber lo que está sucediendo y vigilar muy atentamente a esa gente.

Hay otras muchas preguntas que me gustaría sugerir, pero aquí me he limitado a plantear estas seis: ¿Qué problema soluciona una nueva tecnología? ¿De quién es el problema? ¿Qué nuevos problemas se crean al solucionar uno viejo? ¿Quién podría resultar dañado por una solución tecnológica? ¿Se gana o se pierde en los cambios producidos por las nuevas tecnologías? ¿Quién adquiere poder gracias al cambio tecnológico?

Cuando el lector considere cada una de las preguntas planteadas en este capítulo, confío en que no tenga la impresión de que representan la perspectiva de una determinada ideología política. Según yo las veo o, al menos, según intento que las vean los demás, estas preguntas no son privativas de radicales, liberales, conservadores o cualesquiera otras posturas políticas, incluyendo las neoluddi-tas. Es posible que las respuestas que demos tengan un sesgo ideológico, pero las preguntas son las que se haría cualquier persona que deseara empezar a comprender los medios tecnológicos, y mi esperanza es que sean tomadas tan en serio como yo me las tomo.

Las cinco advertencias sobre el cambio tecnológico

1998

Aun a riesgo de parecer algo condescendiente, quiero lanzarles un mensaje de tranquilidad: dudo que el siglo XXI nos depare problemas de una naturaleza más sensacional, desorientadora o compleja que los que tuvimos que afrontar a lo largo del siglo XX, o durante el XIX, el XVIII, el XVII, o en el mismo sentido, durante muchos de los siglos anteriores a estos. Para aquellos que sintáis excesiva inquietud sobre el nuevo milenio, puedo daros, desde el principio, algunos consejos sobre cómo afrontarlo. Estos consejos vienen de gente en la que podemos confiar, y cuya capacidad intelectual excede a la del Presidente Bush, el candidato Kerry o incluso Bill Gates. Esto es lo que nos dijo Henry David Thoreau: «Todos nuestros inventos no son sino medios mejorados para fines no mejorados». Esto es lo que nos dijo Goethe: «Todos los días deberíamos oír un poco de música, leer una buena poesía, contemplar un cuadro hermoso y si es posible, decir algunas palabras sensatas». Y esto es lo que nos dijo Sócrates: «Una vida sin examen no vale la pena ser vivida». Y he aquí lo que nos dijo el profeta Miqueas: «¿Qué pide el Señor de ti, sino solamente practicar la justicia, amar la misericordia y caminar humildemente?». Y cabría añadir lo que dijeron Jesús, Mahoma, Isaías, Spinoza y Shakespeare. Siempre es lo mismo: no hay modo de escapar de nosotros mismos. El dilema humano continúa siendo el que siempre ha sido, y resulta engañoso creer que los cambios tecnológicos de nuestra era van a volver irrelevante la sabiduría de milenios.

Sin embargo, y una vez dicho esto, soy consciente de que vivimos en una era tecnológica y que afrontamos una serie de problemas de los que Jesús, Sócrates y Miqueas no hablaron ni pudieron hablar. No poseo la sabiduría suficiente para deciros qué deberíamos hacer frente a estos problemas, por lo que mi contribución se limitará a enumerar algunas cosas que debemos saber a la hora de afrontar estos problemas. Mi conferencia tiene como título «Las cinco advertencias sobre el cambio tecnológico». Baso estas ideas en los treinta años que he dedicado a la historia del cambio tecnológico, pero no considero que se trate de ideas de corte académico o esotérico. Son la clase de cosas que todo el mundo que esté preocupado por el equilibrio y la estabilidad cultural debería saber, y yo las traigo aquí hoy con la esperanza de que las encontréis útiles a la hora de pensar sobre los efectos de la tecnología.

1ª advertencia: la cultura siempre paga un precio por la tecnología

La primera advertencia es que todo cambio tecnológico implica un compromiso. Me gusta denominarlo un trato fáustico. La tecnología da y la tecnología quita. Esto significa que para cualquier ventaja que la tecnología ofrece, siempre existe su correspondiente desventaja. Las desventajas pueden llegar a superar en importancia a las ventajas, o las ventajas pueden valer perfectamente la pena. Aunque parece una idea bastante obvia, es sorprendente cuánta gente piensa que las nuevas tecnologías son como una bendición caída del cielo. Piénsese únicamente en el entusiasmo con que la mayoría de la gente acoge y comprende los ordenadores. Preguntad a cualquiera que sepa algo sobre ordenadores y veréis cómo, de forma implacable y descarada, exaltará sus maravillas. Como también podréis ver que en la mayoría de los casos estas personas obviarán la menor mención a las desventajas traídas por los ordenadores. Esto supone un peligroso desequilibrio, ya que cuanto mayores son los prodigios de una tecnología dada, mayores serán también sus impactos negativos.

Pensad en el automóvil, que además de sus muchas ventajas, ha contaminado el aire, ahogado nuestras ciudades y degradado la belleza de nuestros parajes naturales.

O podríamos pensar en la paradoja de la tecnología médica, que nos proporciona prodigiosas curas pero que, al mismo tiempo, es causa demostrada de ciertas enfermedades y discapacidades, y que ha jugado un rol protagonista en la reducción de la capacidad de diagnóstico de los propios médicos. También podemos recordar que después de todos los beneficios sociales e intelectuales que nos ha brindado la imprenta, sus costes fueron igualmente monumentales. La imprenta dotó a Occidente de prosa, pero hizo de la poesía una forma elitista y exótica de comunicación. Nos dio la ciencia inductiva, pero redujo la sensibilidad religiosa a una especie de superstición rocambolesca. La imprenta nos dio el concepto moderno de nación, pero al hacerlo convirtió al patriotismo en una forma sórdida, si no letal, de emoción. Podríamos decir que la impresión de la Biblia en lenguas vernáculas trajo consigo la sensación de que Dios era un inglés o un alemán o un francés, es decir, redujo a Dios a las dimensiones de un potentado local.

Tal vez el mejor modo de expresarlo sea diciendo que la pregunta: «¿Qué va a hacer esta nueva tecnología?» no es más importante que la pregunta: «¿Qué va a deshacer esta nueva tecnología?». De hecho, esta segunda cuestión es más importante, precisamente porque apenas se formula. Cabría decir entonces que una visión más sofisticada del cambio tecnológico debe incluir el escepticismo ante las visiones mesiánicas y utópicas que nos presentan quienes carecen de un sentido histórico de los débiles equilibrios sobre los que descansa una cultura. De hecho, si de mí dependiera, prohibiría a cualquiera hablar sobre las nuevas tecnologías de la información a no ser que la persona pudiera demostrar que conoce algo sobre los efectos sociales y físicos que causaron la invención del alfabeto, del reloj mecánico, de la imprenta y del telégrafo. En otras palabras, que sepa algo sobre los costes de las grandes tecnologías.

La primera advertencia es, pues, que la cultura siempre paga un precio por la tecnología que incorpora.

2ª advertencia: siempre hay ganadores y perdedores del cambio tecnológico

Esto enlaza con la segunda advertencia: que las ventajas y las desventajas de las nuevas tecnologías nunca se distribuyen de forma equitativa entre la población. Esto significa que toda nueva tecnología beneficia a unos y perjudica a otros. Los hay incluso que no se ven afectados. Consideremos el caso de la imprenta en el siglo XVI, de la que Martín Lutero llegó a decir que era «el mayor acto de gracia de Dios, por el que se impulsa el Evangelio». Colocando el mensaje de Dios en todas las casas cristianas, el libro masivamente impreso socavó la autoridad de la jerarquía eclesiástica, y provocó el cisma en la Santa Iglesia Romana. Los protestantes de la época se entusiasmaron con este invento, mientras que los católicos se mostraron en cambio rabiosos y consternados. Como soy judío, si hubiera vivido esa época me habrían dado lo mismo unos u otros, me habría traído sin cuidado si los pogromos se inspiraban en Lutero o en el Papa León X. Unos ganan, otros pierden, y unos pocos siguen como siempre.

Pongamos otro ejemplo, la televisión, aunque aquí tengo que señalar que en el caso de la televisión hay muy pocos que no se vean afectados de una u otra forma. En Estados Unidos, donde la televisión ha calado más que en ninguna otra parte, hay muchas personas que la consideran una bendición, en especial quienes han obtenido pingües beneficios y gratificantes carreras profesionales como técnicos, ejecutivos, directores, presentadores o actores. Por otra parte, y a largo plazo, la televisión puede terminar con la carrera de profesor, puesto que la escuela fue un invento asociado a la imprenta y permanecerá o desaparecerá dependiendo de qué importancia demos en el futuro al mundo de lo impreso. Resulta harto improbable, claro está, que sea la televisión la que acabe por desaparecer, pero los profesores que se muestran entusiasmados por su presencia en las aulas me recuerdan siempre a esos herreros de principios del siglo XX que no sólo cantaban alabanzas al coche, sino que creían también que su negocio se vería beneficiado por su desarrollo. Ahora sabemos que esto no fue así, sino que más bien volvió obsoleto su oficio, como cualquier herrero inteligente podría haber supuesto.

Por tanto, las preguntas que nunca debe ignorar todo aquel que se preocupe por el cambio tecnológico, son estas: ¿Quiénes se van a beneficiar del desarrollo de una nueva tecnología? ¿Qué grupos, qué tipo de personas, qué tipo de industria se va a ver favorecida? Y, por supuesto, ¿a qué grupos de personas va a perjudicar?

Estas son las preguntas que deberíamos tener presentes cuando pensamos en la tecnología informática. No cabe duda de que los ordenadores han sido y seguirán siendo de gran provecho para las grandes organizaciones, como los ejércitos, las compañías aéreas, los bancos o Hacienda. Y es igualmente evidente que el ordenador es ahora indispensable para los investigadores de alto nivel en física y otras ciencias naturales. Pero, ¿hasta qué punto la tecnología informática ha supuesto una ventaja para las masas? ¿Para los trabajadores del acero, los dueños de fruterías, los profesores, los mecánicos de coches, los músicos, los panaderos, los albañiles, los dentistas y la mayoría del resto de personas en cuyas vidas se inmiscuye ahora el ordenador? Los asuntos privados de esta clase de personas se han vuelto más accesibles a las instituciones poderosas. Se les puede seguir y controlar más fácilmente, se les somete a más investigaciones y se sienten cada vez más desconcertados por las decisiones que se toman en los asuntos que les conciernen. Cada vez se ven más reducidos a meros objetos numéricos. Acaban sepultados por el correo basura. Son blancos fáciles para las agencias de publicidad y las organizaciones políticas.

En otras palabras, estas personas son perdedoras en la gran revolución informática. Los ganadores, entre quienes se incluyen las empresas de ordenadores, las multinacionales y los Estados, siempre van a animar a los perdedores a que se muestren entusiastas con la tecnología informática. Así es como actúan los ganadores, y desde el principio contaron a los perdedores que con el ordenador personal el ciudadano medio puede hacer un balance más ordenado de sus cuentas, organizar mejor sus recetas y elaborar listas de la compra más lógicas. Luego les cuentan que con los ordenadores pueden votar desde casa, comprar desde casa, obtener toda el entretenimiento que deseen desde casa, volviendo así innecesaria la vida en comunidad.

Y ahora, claro, los ganadores hablan sin cesar de la Era de la Información, dando siempre a entender que cuanta más información tengamos, más capaces seremos de resolver los problemas fundamentales, no sólo de índole personal, sino también los grandes problemas sociales. Pero, ¿es esto cierto? Si hay niños que mueren de hambre en el mundo —y los hay— no es porque haya falta de información. Si hay violencia en nuestras calles, no es porque haya falta de información. Si hay violencia contra las mujeres, si el divorcio, la pornografía y las enfermedades mentales no dejan de crecer, nada de esto tiene que ver con la falta de información. Me atrevería a decir que es porque algo más falta, y creo que no es necesario que explicite qué es lo que falta. Quién sabe: la era de la información puede resultar ser una especie de maldición que nos ciega, de forma que no somos capaces de ver de dónde vienen realmente nuestros problemas. Por eso siempre es necesario preguntar a aquellos que hablan de forma tan entusiasta sobre la tecnología informática por qué lo hacen, qué intereses representan, a quién esperan dar poder y de quién esperan obtener poder.

No pretendo atribuir a nadie motivos malignos, ni mucho menos siniestros. Sólo digo que, puesto que la tecnología favorece a unos y perjudica a otros, son cuestiones que siempre hay que plantearse.

Por tanto, *la segunda advertencia es que siempre hay ganadores y perdedores del cambio tecnológico.*

3ª advertencia: toda tecnología esconde una idea-fuerza

Ahí va la tercera advertencia. Dentro de toda tecnología se esconde una idea-fuerza, a veces incluso dos o tres ideas-fuerza. Estas ideas a menudo permanecen ocultas a nuestra vista porque son de naturaleza algo abstracta. Pero esto no significa que no tengan consecuencias prácticas.

Quizás hayan oído hablar del viejo dicho: a cualquier persona con un martillo, todo le parece un clavo. Podríamos elevarlo a categoría de regla: a cualquier persona con un lápiz, todo le parece una frase. A cualquier persona con una cámara de televisión, todo le parece una imagen. A cualquier persona con un ordenador, todo le parecen datos. No considero que debamos tomar estos aforismos de forma literal, pero sí nos están sugiriendo algo: y es que toda tecnología tiene un prejuicio. Al igual que el propio lenguaje, nos predispone a favorecer y valorar determinadas perspectivas y logros. En una cultura sin escritura, la memoria humana es de la máxima importancia, como pasa con los proverbios, refranes y canciones que contienen la sabiduría oral acumulada de siglos. Por eso se consideraba que el rey Salomón era el más sabio de todos los hombres: en el primer libro de Reyes nos cuentan que sabía hasta 3000 proverbios. Pero en la cultura escrita, estas hazañas de la memoria son consideradas una pérdida de tiempo, y los proverbios son meras fantasías irrelevantes. El individuo de la era de la imprenta valora la organización lógica y el análisis sistemático, no los proverbios. El individuo de la era del telégrafo valora la velocidad, no la introspección. El individuo de la era de la televisión valora la inmediatez, no los hechos históricos. Y el individuo de la era del ordenador, ¿qué podemos decir de él? Tal vez podamos decir que el individuo de la era del ordenador valora la información, no el conocimiento, y desde luego no la sabiduría. De hecho, en esta era informática, el concepto de sabiduría puede que no tarde en desaparecer por completo.

La tercera advertencia, por tanto, es que toda tecnología incorpora una filosofía que es expresión de cómo la tecnología nos hace usar nuestra mente, de en qué medida nos hace usar nuestros cuerpos, de cómo codifica nuestro mundo, de cuáles de nuestros sentidos amplifica, de cuáles de nuestras emociones y tendencias intelectuales desatiende. Esta advertencia es la suma y la sustancia de lo que el gran profeta católico Marshall McLuhan quiso decir cuando acuñó la frase: «El medio es el mensaje».

4ª advertencia: el cambio tecnológico no es aditivo, sino ecológico

Esta es la cuarta advertencia: el cambio tecnológico no es aditivo, es ecológico. Lo explicaré mejor con la siguiente analogía. ¿Qué ocurre si vertemos una gota de tinta roja en una jarra de agua clara? ¿Tenemos agua clara con una gota de tinta roja? Obviamente no. Lo que obtenemos es una nueva coloración en todas las moléculas de agua contenidas en la jarra. Esto es lo que quiero decir con el cambio «ecológico». Un nuevo medio no añade algo: lo cambia todo. En el año 1500, después de que se inventara la imprenta, no teníamos la vieja Europa *más* la imprenta: teníamos una Europa diferente. Después de la televisión, Estados Unidos ya no era Estados Unidos *más* la televisión: la televisión dio una nueva coloración a las campañas políticas, a las escuelas, a las iglesias, a las industrias y a todo en general.

Esta es la razón por la que debemos ser cautos ante las innovaciones tecnológicas. Las consecuencias del cambio tecnológico siempre son amplias, a menudo impredecibles y en su mayor parte irreversibles. Y por eso también debemos desconfiar de los capitalistas. Por definición, los capitalistas no sólo son personas que asumen riesgos personales, sino sobre todo, y en particular, personas que asumen riesgos culturales. Los más creativos y osados de entre ellos ansían explotar al máximo las nuevas tecnologías, y no les importa qué tradiciones son derruidas en el proceso o si una cultura está o no preparada para funcionar sin esas tradiciones. Los capitalistas, en definitiva, son radicales. En Estados Unidos, nuestros radicales más conocidos siempre han sido capitalistas: hombres como Bell, Edison, Ford, Carnegie, Sarnoff, Goldwyn. Estos hombres borraron de un plumazo el siglo XIX y crearon el XX: para mí constituye un misterio por qué se considera que los capitalistas son conservadores. Tal vez porque suelen llevar trajes oscuros y corbatas grises.

Con esto no estoy haciendo ningún llamamiento al socialismo; sólo digo que habría que controlar y vigilar atentamente a los capitalistas. Evidentemente no paran de hablar de la familia, el matrimonio, la piedad y el honor, pero si se les permite explotar las nuevas tecnologías hasta su máximo potencial económico, pueden deshacer las instituciones que hacen posibles tales ideas. Y aquí podría dar dos ejemplos de este punto, tomados del encuentro de Estados Unidos con la tecnología.

El primero se refiere a la educación. ¿Quién ha tenido un mayor impacto en la educación americana de este siglo? Si piensan en John Dewey o en cualquier otro filósofo de la educación, debo decirles que están muy equivocados. El mayor impacto fue obra de hombres discretos con trajes grises en un barrio a las afueras de Nueva York llamado Princeton, en Nueva Jersey. Allí desarrollaron y promovieron la tecnología conocida como test estandarizados: los test de CI (coeficiente intelectual), los SAT (test de aptitud académica) y los GRE (Graduate Record Examinations). Estas pruebas redefinieron lo que entendemos por aprendizaje y han dado lugar a que reorganicemos el plan de estudios para adaptarlo a dichas pruebas.

Un segundo ejemplo se refiere a nuestra política. A estas alturas resulta evidente que las personas que han tenido un efecto más radical en la política estadounidense de nuestro tiempo no son ideólogos ni estudiantes de pelo largo manifestándose con libros de Karl Marx bajo el brazo. Los radicales que han cambiado la naturaleza de la política en Estados Unidos son empresarios con trajes oscuros y corbatas grises que dirigen la gran industria de la televisión del país. No pretendían convertir el discurso político en una forma de entretenimiento. No pretendían hacer imposible que una persona con sobrepeso pudiera optar a un alto cargo político. No pretendían reducir la campaña política a un anuncio de televisión de treinta segundos. Lo único que pretendían era convertir la televisión en una gran máquina de hacer dinero sin parar. Que en el proceso destruyeran la sustancia del discurso político era algo que no les incumbía.

5ª advertencia: la tecnología tiende a hacerse mítica

Paso ahora a la quinta y última idea, que es que los medios tienden a volverse míticos. Utilizo esta palabra en el sentido en que la empleó el crítico literario francés Roland Barthes, quien la usaba para referirse a cierta tendencia común a pensar en nuestras creaciones tecnológicas como si fueran creaciones divinas, como si formaran parte del orden natural de las cosas. En alguna ocasión he preguntado a mis alumnos si saben cuándo se inventó el alfabeto. La pregunta los deja pasmados. Es como si les preguntara cuándo se inventaron las nubes y los árboles. Creen que el alfabeto no es algo que se inventara, sino que simplemente está ahí. Lo mismo ocurre con muchos productos de la cultura humana, pero especialmente con los derivados de la tecnología. Coches, aviones, televisores, películas, periódicos, etc., han alcanzado un estatus mítico porque se perciben como regalos de la naturaleza, no como artefactos producidos en un contexto político e histórico específico.

Cuando una tecnología se vuelve mítica, siempre resulta muy peligrosa, porque entonces es aceptada tal cual es y, por tanto, no es fácilmente susceptible de modificación o control. Si les propusiéramos a los estadounidenses que las emisiones de televisión no empezaran hasta las 5 de la tarde y que terminaran a las 11, o que no hubiera anuncios, la idea les parecería ridícula. Pero no porque no estuvieran de acuerdo con el programa cultural propuesto; les parecería ridícula porque pensarían que les estamos proponiendo que algo cambie de naturaleza, como si sugiriéramos que el sol debería salir a las 11 de la mañana y no a las 7.

Siempre que pienso en la capacidad de la tecnología para volverse mítica, me vienen a la cabeza las palabras de Juan Pablo II cuando dijo: «La ciencia puede purificar a la religión del error de la superstición. La religión puede purificar a la ciencia de la idolatría y de los falsos absolutos».

Lo que estoy diciendo es que nuestro entusiasmo por la tecnología puede volverse una forma de idolatría y que nuestra creencia en sus beneficios puede ser un falso absoluto. La mejor manera de considerar la tecnología es como a un extraño, un intruso, y recordar que la tecnología no es parte de un plan divino sino el producto de la creatividad y de la *hybris* del ser humano, y que su capacidad para el bien o el mal descansa enteramente en una toma de conciencia sobre qué puede hacer por nosotros y qué nos puede hacer a nosotros.

De modo que estas son mis cinco advertencias sobre el cambio tecnológico. La primera, que siempre vamos a pagar un precio por la tecnología incorporada: cuanto mayor es la tecnología, más grande es el precio. Segunda, que siempre habrá ganadores y perdedores, y que los ganadores siempre intentarán persuadir a los perdedores de que también ellos son ganadores. Tercera, que toda tecnología lleva incrustada un prejuicio epistemológico, político o social. A veces este prejuicio nos puede favorecer, otras no. La imprenta aniquiló la tradición oral, el telégrafo aniquiló el espacio, la televisión ha empequeñecido el mundo, los ordenadores quizás acaben mermando la vida comunitaria. Y así sucesivamente. Cuarta, que el cambio tecnológico no es aditivo, sino ecológico, lo que significa que lo cambia todo a su paso, por lo que es demasiado importante como para dejarlo en las solas manos de Bill Gates. Y quinta, que la tecnología tiende a hacerse mítica, esto es, a percibirse como parte del orden natural de las cosas, por lo que tiende a controlar nuestras vidas más de cuanto sería deseable.

Si tuviéramos más tiempo, podría añadir más cosas de interés sobre el cambio tecnológico, pero por el momento os dejo estas advertencias, y concluiré con la siguiente reflexión. En el pasado, hemos vivido el cambio tecnológico como sonámbulos. Nuestro lema tácito ha sido «la tecnología por encima de todas las cosas», y hemos estado dispuestos a adaptar nuestras vidas para amoldarlas a los requisitos de la tecnología, no a los de la cultura. Esto es una forma de estupidez, especialmente en una época de cambios tecnológicos tan profundos. Debemos actuar con los ojos bien abiertos para poder utilizar la tecnología, en lugar de ser utilizados por ella.

El humanismo de la ecología de los medios

2000

Es para mí un honor que se me haya pedido que pronuncie el discurso de apertura de la primera convención de la Media Ecology Association. Debo suponer que se me ha considerado una persona apropiada para ello, y no como el único disponible, y doy las gracias a los organizadores por ello. Pero lo apropiado no siempre es lo mejor. Jacques Ellul habría sido mucho mejor, pero está muerto y, lo que es peor, hablaba francés. McLuhan está muerto. También lo están Eric Havelock y Susanne Langer. No pretendo compararme con estos grandes eruditos. Después de todo, son los Abraham, Moisés, David y Esther de la ecología de los medios, lo que no quiere decir que fueran judíos, sino que su trabajo dio forma a las cuestiones fundamentales de la ecología de los medios. Sé que están aquí en espíritu, pero si alguno de ellos hubiera podido vivir el tiempo suficiente para estar aquí esta tarde, habría sido el mejor comienzo posible para vuestra asociación. Añadiré además que a la hora de elegir a la persona ideal para dar este discurso, hay media docena de jóvenes, algunos de ellos graduados en Ecología de los Medios por la Universidad de Nueva York, que han llevado este concepto más lejos que yo y que, sin duda, lo harían mucho mejor.

No obstante, no soy una mala elección, porque junto con Christine Nystrom y Terence Moran contribuí a organizar el primer programa de posgrado del mundo que eligió «Ecología de los Medios» como nombre para un curso universitario. De modo que me gustaría empezar explicando qué queríamos decir al emplear dicho término, y lo haré sin intención de imponeros nuestro significado.

Tal vez os sorprenda saber que nuestras primeras reflexiones sobre esta cuestión se inspiraban en una metáfora biológica. Recordarán, de cuando supieron lo que era la placa de Petri, que un medio era definido como una sustancia dentro de la cual crece un cultivo. Si sustituimos la palabra «sustancia» por «tecnología», y «cultivo» por «cultura», cabría mantener la definición como un principio fundamental de la ecología de los medios: un medio es una tecnología dentro de la cual crece una cultura; es decir, da forma a la política, la organización social y las formas habituales de pensar de una cultura.

Partiendo de esta idea, invocamos otra metáfora biológica, la de la ecología. En su origen, la palabra tenía un significado considerablemente distinto del que le damos hoy. Según Aristóteles, significaba «hogar»; él hablaba de la importancia que tiene para nuestra ecuanimidad intelectual mantener en orden nuestro hogar. Su primer uso en el sentido moderno se le atribuye a Ernst Haeckel, zoólogo alemán, a finales del siglo XIX, quien utilizó la palabra como lo hacemos ahora, para referirse a las interacciones entre los elementos de nuestro entorno natural, haciendo especial hincapié en cómo tales interacciones conducen a un medio equilibrado y saludable.

Pusimos la palabra «medios» después de «ecología» para sugerir que no nos interesaban simplemente los medios, sino las formas en que la interacción entre los medios y los seres humanos dan a una cultura su carácter y, podría decirse, ayudan a una cultura a mantener el equilibrio simbólico. Si quisiéramos conectar el significado antiguo con el moderno, podríamos decir que nuestra expresión sugiere que necesitamos mantener en orden nuestro hogar planetario.

En los primeros días de nuestro departamento, fuimos objeto de muchas burlas, algunas amables y otras desagradables, por nuestro uso de la expresión «ecología de los medios». Creo que lo que nos reprochaban era que el término estaba demasiado de moda, pero que además se trataba de un concepto que pertenecía a la biología, y no a los estudios sociales, y que allí debía permanecer. Sin embargo, tal y como lo veíamos nosotros, habíamos elegido la expresión adecuada, dado que lo que pretendíamos era concienciar a la gente de que los seres humanos vivimos en dos tipos diferentes de entorno. Uno es el entorno natural, y está compuesto de cosas como el aire, los árboles, los ríos y las orugas. El otro es el entorno mediático, formado por el lenguaje, los números, las imágenes, los hologramas y todos los demás símbolos, técnicas y máquinas que nos convierten en lo que somos.

Éramos, desde el principio, un grupo de moralistas. Nuestra idea era tener un departamento académico que centrara su atención en el medioambiente de los medios, con un interés particular en comprender cómo nos moldeaba nuestra ecología mediática y si nos estaba haciendo mejores o peores. No a todo el mundo le pareció una buena idea: a Marshall McLuhan, por ejemplo. Aunque McLuhan había sugerido que creáramos un departamento así en la Universidad de Nueva York, su idea no era que nos centráramos en si los nuevos medios, sobre todo tecnológicos, nos harían mejores o peores. McLuhan me recordaba a los versos del largo poema de Stephen Vincent Benét *El cuerpo de John Brown*. Al final del poema Benét hace referencia a la Revolución Industrial y termina con estos versos:

No digas es una bendición
ni es una maldición.
Di sólo: «Aquí está».

No hay lugar para los moralistas en esos versos. McLuhan afirmaba que nosotros debíamos adoptar el mismo punto de vista al pensar en los medios modernos: que no son ni una bendición ni una maldición, sólo que aquí están. Él consideraba que esa neutralidad moral era el mejor modo para comprender cómo funcionan los nuevos medios: en caso de dedicar demasiado tiempo a cuestionar si se trata de algo positivo o negativo, se corría el riesgo de distraerse y no comprender verdaderamente dichos medios. En fin, aunque creo que le caía bien a McLuhan, estoy seguro de que no le habrían gustado mucho mis libros: le habrían parecido demasiado moralistas, rabínicos o, como mínimo, desde luego demasiado sentenciosos.

Creo que el punto de vista de McLuhan de evitar las cuestiones del bien y el mal cuando se piensa en la tecnología tiene mucho mérito. Pero ese punto de vista nunca ha sido el mío. Para ser sinceros, no veo qué sentido tiene estudiar la tecnología a menos que se haga dentro de un contexto moral o ético. No soy el único que piensa así. Algunos de los más importantes estudiosos de la tecnología —Lewis Mumford y Jacques Ellul, por ejemplo— eran incapaces de escribir sobre ella sin transmitir un sentido de sus consecuencias humanistas o antihumanistas. Y esta es la cuestión que me gustaría abordar en el resto de mi intervención.

Al pensar en la tecnología desde un punto de vista humanista, hay que tener en cuenta el hecho evidente de que las personas tendrán ideas diferentes sobre lo que es bueno y lo que es malo para ellas. Este año celebramos el 600 aniversario del nacimiento de Johannes Gutenberg. Supongo que todos convendremos, en el año 2000, en que su imprenta con tipos móviles fue, en conjunto, algo bueno, es decir, un avance humano en la historia de la comunicación. Pero en los primeros días de su invención la gente no estaba de acuerdo, especialmente por el papel que desempeñó en la disolución de la Santa Iglesia Romana. La prensa puso la palabra de Dios en la mesa de cada cristiano. Así las cosas, ¿quién necesita Papas y sacerdotes para interpretarla? Por eso Martín Lutero dijo de la imprenta que era «el mayor acto de gracia de Dios, por el que se impulsa el Evangelio». Habría sido difícil encontrar, en el siglo XVI, algún devoto miembro de la Iglesia que estuviera de acuerdo con ese juicio. Podríamos decir que tuvieron que pasar doscientos años antes de que la disputa entre católicos y protestantes —una disputa incitada por la imprenta— se desvaneciera.

Lo que nos lleva a otro punto: al evaluar las consecuencias humanísticas de una nueva tecnología, hay que tener en cuenta el factor tiempo. Creo que algunos de ustedes saben que entre las consecuencias más graves y negativas de la televisión —al menos tal como yo las veo— está su papel en volver obsoleta la institución de la infancia. Yo lo llamaría un declive moral. Por supuesto, hay algunas personas, especialmente los empresarios, que piensan que la desaparición de la infancia es una buena idea. Pero incluso quienes, como yo, piensan que es una catástrofe, deben tener en cuenta que dentro de cien años puede que no lo parezca. De hecho, la gente podría creer que la idea de la infancia no supuso nada positivo, en ningún momento, ni para los jóvenes ni para los mayores, y que cuanto antes fuera destruida por la televisión, mejor.

Así pues, debemos tener en cuenta, en primer lugar, que las personas difieren sobre lo que es bueno para ellas y lo que no lo es, y, en segundo lugar, que los cambios que se producen con el paso del tiempo nos harán ver las cosas de forma distinta a como podían parecer en un principio. Al tener estos factores en cuenta, ¿se adopta la postura de un relativista moral? No necesariamente. Por ejemplo, es posible decir que cuando la gente ha discrepado sobre las implicaciones morales de una nueva tecnología, hubo quien estaba equivocado. Y creo que también es posible decir que, aunque el tiempo cambie la forma en que la gente juzga los efectos de una nueva tecnología, el tiempo puede equivocarse. Es decir, que los efectos negativos de un medio pueden seguir siendo un problema a pesar del paso del tiempo. En otras palabras, el tiempo no siempre borra sus inconvenientes. Tampoco debilita necesariamente sus ventajas.

Un buen ejemplo de ello son las profecías de Sócrates sobre la palabra escrita. Creo que la mayoría de ustedes saben que en el *Fedro* habló en contra de la escritura alegando que debilitaría nuestra memoria, haciendo públicas aquellas cosas que es mejor dejar en privado y cambiando la práctica de la educación. La escritura, decía, obliga al estudiante a seguir un argumento en lugar de participar en él. Debo decir que el paso de 2.500 años no ha cambiado esas consecuencias negativas. Debo añadir que las consecuencias positivas que Platón vio también siguen siendo perfectamente evidentes.

Podría ofrecer, como otro ejemplo, una profecía aún más antigua relativa a los medios. Les recuerdo la profecía implícita en el segundo de los Diez Mandamientos según la tradición judía, el mandamiento que prohíbe a los israelitas esculpir imágenes. Supongo que el autor de esa prohibición creía que fabricar imágenes concretas y visuales debilitaría la capacidad de la gente para concebir ideas abstractas, en concreto de un Dios que no tiene existencia material, sino que sólo existe en la Palabra y a través de la Palabra. Esa idea sobre el efecto de un medio en la psicología humana es tan cierta hoy como hace tres mil años.

A lo que quiero llegar es a que, aunque debemos tener en cuenta que no todas las personas están de acuerdo sobre lo que constituye una ventaja o una desventaja, y que el tiempo puede alterar nuestro juicio sobre los efectos de un medio, aún se puede tener una opinión definida sobre si un medio contribuye a mantener o socavar ciertos conceptos humanos. Lo que me lleva a explicar qué se puede entender por concepto humano.

Empecemos con McLuhan y Harold Innis. Como la mayoría de ustedes saben, tanto McLuhan, que a menudo lo negó, como Harold Innis, que nunca lo negó, tenían una idea definida sobre lo que era bueno para la gente en relación con los medios tecnológicos. McLuhan consideraba que lo mejor para los seres humanos era que los medios que utilizaban promovieran en ellos un equilibrio sensorial. Innis creía que lo mejor para la gente era si sus medios favorecían un equilibrio en sus concepciones del tiempo y del espacio. La única ocasión en que me consta que McLuhan empleara la expresión «ecología de los medios» es en una carta que escribió a Clare Booth Luce, en la que señalaba que podía ser necesario que una cultura limite el uso de algún medio en aras de promover un equilibrio en la ecología de los medios. Por su parte, a Innis le preocupaba que un medio que pone el acento en el espacio por encima del tiempo es probable que produzca una cultura obsesionada con la conquista militar. Podemos comprobar, en definitiva, que en ambos críticos había una dimensión moral en la forma en la que analizaban la tecnología y los cambios ligados a ella.

¿Cuáles son, pues, a mi juicio, las cuestiones humanísticas que hay que tener en cuenta al tratar de comprender los medios? Me gustaría plantear algunas en forma de una serie de preguntas, y cuando termine tendrán, espero, una idea de lo que considero progreso humano. La primera pregunta es la siguiente: *¿En qué medida contribuye un medio a los usos y al desarrollo del pensamiento racional?*

La pregunta sugiere que, en mi opinión, el pensamiento racional es uno de los mayores dones de la humanidad y que, por lo tanto, cualquier medio que lo fomente, como la escritura o la imprenta, debe ser alabado y tenido en muy alta estima. Y cualquier medio que no lo haga, como la televisión, debe ser temido. Esto no quiere decir que la escritura o la imprenta no tengan desventajas, y la televisión, ventajas, sino que en este importante ámbito del desarrollo de la humanidad tenemos un caso evidente de un medio que contribuye a dicho desarrollo, y de otro que lo socava.

Estoy dispuesto a ir bastante lejos en este asunto. Por ejemplo, les recuerdo que todas las personas que ayudaron a crear el mundo eléctrico —desde la telegrafía hasta internet— se educaron casi exclusivamente con la palabra escrita e impresa: es decir, con la pluma, el papel y los libros. ¿Cómo llegaron a ser tan inteligentes? Intuirán mi respuesta: sus facultades intelectuales se desarrollaron en un medio que fomentaba el pensamiento abstracto. Si desean profundizar en este punto de vista, les sugiero que empiecen por leer sobre el siglo XVIII. Fue entonces cuando se concibieron la mayoría de las ideas humanas que hemos elaborado: la libertad religiosa, la libertad de expresión, la ciencia inductiva, los derechos de la mujer, la infancia, la abominación de la esclavitud, el derecho de los gobernados a elegir a sus gobernantes, incluso la idea de progreso y, quizá les sorprenda saberlo, la idea de felicidad. Debemos estas ideas al racionalismo, una forma de pensar fomentada por la imprenta. David Riesman dijo de la imprenta que es la pólvora de la mente. No debemos temer el peligro de tener demasiada.

He aquí una segunda pregunta: *¿En qué medida contribuye un medio al desarrollo de los procesos democráticos?*

No hay duda de que la palabra impresa fue un factor clave en el surgimiento de la democracia, entre otras cosas porque socavó la tradición oral y puso gran énfasis en la individualidad. En *La democracia en América*, Tocqueville temía que la palabra impresa alejara a los estadounidenses del sentido de comunidad y los condujera hacia lo que él denominaba egoísmo. Tocqueville no pudo conocer la radio, la televisión o internet, pero de haberlo hecho, estoy seguro de que habría inquirido: ¿Ayudan a mantener un equilibrio entre el sentido de cohesión social y la individualidad, necesarios ambos para una democracia humana? No creo que le impresionaran los medios cuyos formatos fomentan el aislamiento. Al fin y al cabo, podemos escuchar música solos, ver la tele solos, ver vídeos solos. Y ahora, con la ayuda de los ordenadores, podemos hacer la compra en casa, votar en casa e ir a la universidad en casa, es decir, podemos hacer todo eso solos. Por supuesto, también leemos a solas, hecho que, como he mencionado, fue un elemento fundamental en el desarrollo del individualismo. Pero el desequilibrio fomentado por los nuevos medios crea un problema que tendrá un efecto importante en nuestra comprensión y práctica de la democracia.

Hace un par de años, Lawrence Grossman escribió un libro titulado *La república electrónica* en el que predecía con entusiasmo que en el futuro la democracia representativa sería sustituida por lo que él denominaba democracia participativa. Con ello se refería a que las tecnologías digitales harían posible la celebración de plebiscitos cada semana; es decir, los ciudadanos podrían votar sobre si debemos enviar tropas a Bosnia, destituir al Presidente o cambiar el sistema de la Seguridad Social. El Senado y el Congreso se volverían en gran medida innecesarios. En otras palabras, nos convertiríamos en ciudadanos sin rostro que votan solos acerca de cuestiones sobre las que no tendríamos ni el tiempo ni el lugar para debatir. Mi único comentario sobre esta posibilidad es que Madison, Jefferson y Washington habrían abandonado el país de haberse visto en un sistema así.

Una tercera pregunta relacionada con las dos anteriores es la siguiente: *¿En qué medida los nuevos medios permiten un mayor acceso a una información significativa?*

En el siglo XIX, sufríamos claramente el problema de la escasez de información. En la década de 1830, la información sólo podía viajar a la velocidad de un ser humano, que era de unos 56 kilómetros por hora en un tren rápido. Así que nos planteamos la siguiente pregunta: ¿Cómo podemos hacer llegar más información, a más gente, de manera más rápida y mediante diferentes formas? Empezamos a resolver este problema con la invención de la telegrafía y la fotografía a finales de la década de 1830 y principios de la de 1840. No todo el mundo estaba entusiasmado con los primeros intentos de resolver ese problema. Henry David Thoreau escribió en *Walden*:

> Sentimos urgencia por construir un telégrafo magnético de Maine a Texas; pero puede que Maine y Texas no tengan nada importante que comunicar. [...] Estamos ansiosos por construir un túnel bajo el Atlántico y acortar en algunas semanas lo que nos separa del viejo; pero tal vez la primera noticia que se filtre al ancho y agitado oído americano sea que la princesa Adelaida tiene tos ferina.

En todo caso, no hubo mucho debate acerca de qué información podía ser útil o significativa, y durante ciento setenta años hemos estado obsesionados con las máquinas que pudieran darnos acceso, y un acceso rápido, a un Niágara de información.

Evidentemente, esto es lo que hace internet, y no cabe sino elogiar su eficacia. Pero no nos ayuda, como tampoco lo hace la televisión ni ningún otro medio de los siglos XIX o XX (salvo quizá el teléfono), a resolver el problema de qué es información significativa. En mi opinión, los nuevos medios nos han convertido en un país de adictos a la información; es decir, nuestros esfuerzos de los últimos ciento setenta años han convertido la información en una forma de basura. Mi respuesta a la pregunta sobre el acceso a la información es que, al menos por ahora, la velocidad, el volumen y la variedad de la información disponible sirven de distracción y de déficit moral; nos engañamos pensando que los graves problemas sociales de nuestro tiempo se resolverían con sólo tener más y más información. Pero creo que no es necesario decirles que si hay niños que mueren de hambre en el mundo, y son muchos, no es porque no tengamos suficiente información. Si la delincuencia campa a sus anchas por las calles, no es porque no dispongamos de suficiente información. Si los niños sufren abusos y las mujeres son maltratadas, tampoco tiene nada que ver con un déficit de información. Las soluciones a esos problemas están en otra parte, y Bill Gates y Nicholas Negroponte aún no se han dado cuenta de ello, y es improbable que lo hagan.

He aquí una última pregunta: *¿En qué medida los nuevos medios aumentan o disminuyen nuestro sentido moral, nuestra capacidad para el bien?*

Sé que a algunos de ustedes esta pregunta les parecerá extraña, o tal vez imposible de contestar. En todo caso, no es la clase de preguntas que suelen interesar a las personas atraídas por la tecnología, ni siquiera a los profesores de las personas atraídas por la tecnología. Y, sin embargo, es una versión de la pregunta formulada por Jean-Jacques Rousseau en un ensayo que publicó en 1749. El ensayo le granjeó fama, y, lo que es mejor, abrió el camino a la visión que ahora llamamos Romanticismo. Rousseau se preguntaba si el progreso científico contribuía a la corrupción o a la purificación de la moral. Recupero ahora la pregunta porque fue formulada en un momento, no muy distinto del nuestro, en el que se estaban produciendo grandes avances científicos y tecnológicos, en el que había un gran entusiasmo por inventos de todo tipo, en el que predominaba la idea de que innovación tecnológica era lo mismo que progreso humano.

En su ensayo, Rousseau ridiculizaba los llamados avances de la civilización, alegando que tales avances conducen al materialismo y al ateísmo, que él consideraba degradantes para el espíritu humano. Rousseau se situaba del lado de la religión y la espiritualidad, al igual que muchos de los grandes poetas románticos que siguieron su estela: Wordsworth, Keats, Blake, Coleridge, Byron, Heine, Baudelaire y, sobre todo, Shelley, quien sostenía que, dado que la ciencia y la tecnología actúan sin una base moral, no hacen que la mente sea receptiva a la decencia moral. Shelley, evidentemente, pensaba que la poesía sí. «El mayor instrumento del bien moral —escribió— es la imaginación, y la poesía administra el efecto actuando sobre la causa».

Por lo que a mí respecta, yo no veo de forma tan clara como Shelley cuáles son los instrumentos del bien moral, o los del mal moral, o incluso los de la indiferencia moral. Pero considero que quienes nos interesamos por la ecología de los medios deberíamos dedicar más tiempo del que dedicamos a abordar el papel que desempeñan los medios en —como dijo Rousseau— corromper o purificar nuestra moralidad. Al fin y al cabo, nadie puede negar que en el siglo XX se han producido más avances tecnológicos que en todos los siglos anteriores juntos. ¿Cómo explicar, entonces, que en este mismo siglo se haya asesinado a más personas, incluyendo diez millones de niños, en guerras y matanzas que en todos los siglos anteriores? ¿Cómo podemos explicar que las tres ideologías más influyentes del siglo XX fueran el nazismo, el fascismo y el comunismo; ideologías que, todas ellas, redujeron hasta tal punto la importancia del espíritu humano como para que la gente tratara de escapar de ellas en cuanto podían? ¿No es posible que tras el brillo del ingenio tecnológico se esconda algo oscuro y siniestro, algo que proyecta una terrible sombra sobre los mejores ángeles de nuestra naturaleza?

Esther Dyson, una de las más destacadas defensoras del desarrollo de la tecnología, señala en su último libro que quienes se preocupan demasiado por el mundo tecnológico pueden estar tranquilos: nos asegura que la naturaleza humana seguirá siendo la misma. No me sorprende que no capte el meollo del asunto. La naturaleza humana podrá seguir siendo la misma, pero forma parte de esta naturaleza humana odiar y matar, como también amar y proteger. La pregunta es: ¿Qué parte se liberará y se fomentará? ¿Qué parte se reprimirá y se marchitará? Y, por supuesto, ¿existe alguna relación entre nuestra obsesión por la tecnología y nuestra capacidad de crecimiento moral? Sobre esta última cuestión pensaron y escribieron autores como Rousseau, Shelley, Blake, Carlyle y Huxley. ¿Y nosotros?

Me parece que hay algo superficial, frágil e incluso profundamente banal en los Departamentos de Comunicación de las universidades que ignoran estas cuestiones, que sólo se preocupan por producir fanáticos tecnológicos, o incluso defensores de la neutralidad de la tecnología que ofrecen escasas perspectivas morales, históricas o filosóficas. Lo que estoy diciendo, en definitiva, es que la ecología de los medios es propiamente una rama de las humanidades.

Bien. Existen, por supuesto, muchas otras preguntas que hacer sobre la cuestión general de los medios, la tecnología y el progreso del humanismo. Observarán que no he dicho nada sobre la contribución de la tecnología al crecimiento de la expresión artística, ni sobre si la tecnología mejora o disminuye la calidad de las interacciones humanas; tampoco he dicho nada sobre hasta qué punto las nuevas tecnologías fomentan o desalientan el interés por la experiencia histórica. Son preguntas importantes, y espero que haya entre ustedes quienes estén interesados en planteárselas e intentar responderlas.

Permítanme concluir diciendo que, tal y como yo lo entiendo, el objetivo de la ecología de los medios es profundizar en nuestra comprensión de nuestra posición como seres humanos, de cómo nos desenvolvemos moralmente en el viaje que estamos emprendiendo. Puede que algunos de ustedes, que se consideran ecologistas de los medios, no estén de acuerdo con lo que acabo de decir. Si es así, creo que se equivocan.

Origen de los textos

La perspectiva conservadora, conferencia ante el Club de Viena, en Austria, en 1987.

Informarse hasta morir, conferencia en una reunión de la Sociedad Alemana de Informática (Gesellschaft fuer Informatik) el 11 de octubre de 1990 en Stuttgart, patrocinada por IBM-Alemania.

Por un ateísmo tecnológico, artículo publicado con el título «Deus Machina» en la revista *Technos Quarterly*, invierno de 1992, vol. 1, nº 4.

Los ludditas, la enseñanza y la vida, artículo publicado en la revista *Technos Quarterly*, invierno de 1993, vol. 2, nº 4.

Seis preguntas para defendernos de la tecnología, artículo publicado con el título «Defending Ourselves Against

Technology» en *Bulletin of Science, Technology and Society*, 17 (5-6), 1997. Es probable que se trate de la versión escrita de una conferencia que el autor impartió en varias ocasiones esos años.

Las cinco advertencias sobre el cambio tecnológico, conferencia impartida en el Arts Center de Denver, Colorado, el 28 de marzo de 1998.

El humanismo de la ecología de los medios, discurso pronunciado en la Convención inaugural de la Media Ecology Association, Universidad de Fordham, Nueva York, 16 de junio de 2000.